#홈스쿨링
#혼자공부하기

똑똑한
하루
가을

Chunjae
Makes
Chunjae

▼

똑똑한 하루 가을 2-2

기획총괄	서춘원
편집개발	유선희, 송민상
디자인총괄	김희정
표지디자인	윤순미, 박민정
내지디자인	박희춘, 박종선
제작	황성진, 조규영
사진제공	픽사베이

발행일	2022년 7월 1일 초판 2022년 7월 1일 1쇄
발행인	(주)천재교육
주소	서울시 금천구 가산로9길 54
신고번호	제2001-000018호
고객센터	1577-0902

똑똑한 하루 가을 2-2 스케줄표

공부한 후 활동 꾸러미 맨 뒤에 있는 스케줄표 붙임딱지를 붙여 주세요.

1주

1일 10~13쪽	2일 14~17쪽	3일 18~21쪽	4일 22~25쪽
동네 탐험하기	'우리 동네 한 바퀴' 노래 부르기	동네 사람들 만나기	우리 동네 직업 뉴스
동네 모습 그리기	동네 돌기 놀이	동네 사람들이 하는 일	'감사합니다' 놀이하기

5일 26~29쪽
'직업 놀이' 하기
'목도소리' 노래하며 동작 표현하기

계획대로만 하면 금방 끝날 거야.

2주

5일 58~61쪽	4일 54~57쪽	3일 50~53쪽	2일 46~49쪽	1일 42~45쪽	특강 30~37쪽
도서관 이용하기	가을의 소리	살고 싶은 우리 동네 만들기	'장사꾼 노래' 부르고 '배달 놀이' 하기	동네를 위해 할 수 있는 일	누구나 100점 TEST ➕ 창의·융합·코딩
가을 소리 만들기	가을 날씨의 특징	동네 모습 정리하기	우리 동네 소개하기	동네 사람에게 감사 편지 쓰기	

특강 62~69쪽
누구나 100점 TEST ➕ 창의·융합·코딩

틀린 문제는 다시 한 번 살펴볼까?

3주

1일 74~77쪽	2일 78~81쪽	3일 82~85쪽	4일 86~89쪽	5일 90~93쪽
가을에 사람들이 하는 일	가을 열매 관찰하기	가을의 색 찾아보기	'가을' 부르며 가을의 색 찾기	여러 가지 낙엽 살펴보기
도토리 모으기 놀이하기	가을 열매 바구니 만들기	사람이 많은 곳에서 지켜야 할 일	그림 속에서 가을의 모습 찾기	질서 사전 만들기

특강 94~101쪽
누구나 100점 TEST ➕ 창의·융합·코딩

마무리 학습

116~119쪽	112~115쪽	108~111쪽	104~107쪽
학력 진단 TEST 1, 2회	기초 종합 정리 문제 2회	기초 종합 정리 문제 1회	신경향·신유형·서술형

똑똑한 하루
봄/여름/가을/겨울로
무엇을 배울까요?

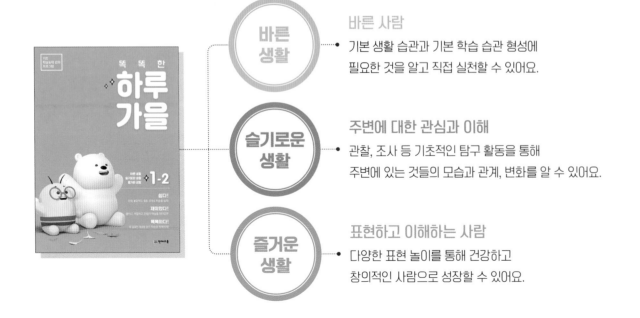

초등학교 1~2학년의 바른 생활, 슬기로운 생활, 즐거운 생활
교과 내용을 배울 수 있어요.

바른 생활 — **바른 사람**
- 기본 생활 습관과 기본 학습 습관 형성에
  필요한 것을 알고 직접 실천할 수 있어요.

슬기로운 생활 — **주변에 대한 관심과 이해**
- 관찰, 조사 등 기초적인 탐구 활동을 통해
  주변에 있는 것들의 모습과 관계, 변화를 알 수 있어요.

즐거운 생활 — **표현하고 이해하는 사람**
- 다양한 표현 놀이를 통해 건강하고
  창의적인 사람으로 성장할 수 있어요.

똑똑한 하루
봄/여름/가을/겨울은
어떻게 공부할까요?

1~2학년 총 8권

똑똑한 하루 봄(1~2학년)　　　똑똑한 하루 여름(1~2학년)

똑똑한 하루 가을(1~2학년)　　　똑똑한 하루 겨울(1~2학년)

- 매일 10분 학습으로 핵심 개념을 쉽고 빠르게 익혀요.
- 만화로 개념을 익히고, **활동 문제**를 풀면서 확인해요.
- 누구나 100점 TEST로 실력을 확인해요.
- 창의·융합·코딩 문제로 사고력과 이해력을 키워요.
- 다양한 평가 문제를 풀며 학습을 마무리해요.
- 붙임딱지 붙이기, 만들기, 그리기(색칠하기) 등 다양한 활동을 해요.

똑 똑 한

하루
가을

바른 생활
슬기로운 생활
즐거운 생활 **2-2**

구성과 특징

주별 학습

한 주 미리보기

만화를 읽고 붙임딱지 활동을 하며, 한 주
동안 공부할 내용을 미리 살펴봐요.

일일 학습

재미있는 만화와 활동 문제로 개념을
익혀요.

특강

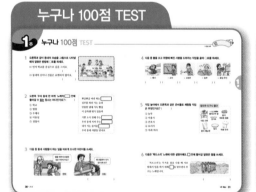

한 주 동안 공부한 내용을 확인해요.

창의·융합·코딩 문제로 사고력을 키워요.

마무리 학습

공부한 내용을 정리해요

신경향 · 신유형 · 서술형

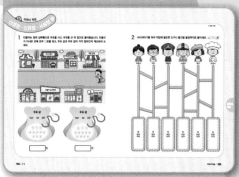

기초 종합 정리 문제

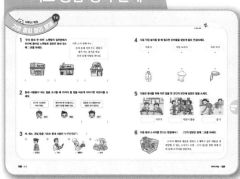

학력 진단 TEST

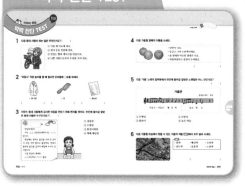

활동 꾸러미

생생 자료실/어휘 카드/핵심 카드/놀이 활동지/
붙임 딱지 등 다양한 활동 꾸러미가 있어요.

공부할 내용 ✳

주별 학습

1주

일	학습 주제	쪽수
1일	• 동네 탐험하기 • 동네 모습 그리기	10
2일	• '우리 동네 한 바퀴' 노래 부르기 • 동네 돌기 놀이	14
3일	• 동네 사람들 만나기 • 동네 사람들이 하는 일	18
4일	• 우리 동네 직업 뉴스 • '감사합니다' 놀이하기	22
5일	• '직업 놀이' 하기 • '목도소리' 노래하며 동작 표현하기	26
특강	**누구나 100점 TEST + 창의 · 융합 · 코딩**	30

2주

일	학습 주제	쪽수
1일	• 동네를 위해 할 수 있는 일 • 동네 사람에게 감사 편지 쓰기	42
2일	• '장사꾼 노래' 부르고 '배달 놀이' 하기 • 우리 동네 소개하기	46
3일	• 살고 싶은 우리 동네 만들기 • 동네 모습 정리하기	50
4일	• 가을의 소리 • 가을 날씨의 특징	54
5일	• 도서관 이용하기 • 가을 소리 만들기	58
특강	**누구나 100점 TEST + 창의 · 융합 · 코딩**	62

3주

일	학습 주제	쪽수
1일	• 가을에 사람들이 하는 일 • 도토리 모으기 놀이하기	74
2일	• 가을 열매 관찰하기 • 가을 열매 바구니 만들기	78
3일	• 가을의 색 찾아보기 • 사람이 많은 곳에서 지켜야 할 일	82
4일	• '가을' 부르며 가을의 색 찾기 • 그림 속에서 가을의 모습 찾기	86
5일	• 여러 가지 낙엽 살펴보기 • 질서 사전 만들기	90
특강	누구나 100점 TEST + 창의 · 융합 · 코딩	94

마무리 학습

공부한 내용을 정리해요 ·············· 102

신경향 · 신유형 · 서술형 ·············· 104

기초 종합 정리 문제 ·············· 108

학력 진단 TEST ·············· 116

✦ 정답 2쪽

1 우리 동네 사람들의 직업을 뉴스로 전할 때 가장 먼저 해야 할 일에 숫자 1을 쓰세요.

대본을 만들고 방송을 연습해요.

뉴스에서 어떤 역할을 할지 정해요.

직업 뉴스에 소개할 직업을 선택해요.

2 다음 뉴스에서 소개하고 있는 직업에 ○표를 하세요.

| 꽃집 주인 | 소방관 | 미용사 | 우편집배원 | 간호사 |

3 우리 동네 사람들의 직업을 무리 지어 붙임딱지에서 찾아 붙이세요.

맛있는 것을 만드는 직업

밤에도 일을 하는 직업

'감사합니다' 놀이하기

얘들아,
'감사합니다' 놀이 하자.

6이 나왔으니 여섯 칸,
환경미화원 칸이야.

초록색 칸이니 그
직업이 있어서 좋은
점을 말하면 돼.

감사합니다. 거리를
청소해 주셔서 깨끗하게
생활할 수 있어요.

1이 나왔다!
요리사 칸이야.

노란색 칸이니까 그
직업이 없어서 어려운
점을 말하면 되겠군.

요리사가 없으면 맛있는
음식을 먹을 수 없어. 그건
말도 안 돼! 절대 안 돼!

우, 울지 마!

 개념 콕!

좋은 동네를 만들어 가는 사람들

깨끗한 동네를 만들어 가는 사람들	환경미화원, 세탁소 주인 등
안전한 동네를 만들어 가는 사람들	소방관, 경찰관 등
건강한 동네를 만들어 가는 사람들	의사, 약사, 태권도 사범, 농부, 간호사 등
편리한 동네를 만들어 가는 사람들	우편집배원, 버스 운전사 등

1 '감사합니다' 놀이에서 주사위를 던져 ⚅ 가 나왔을 때 해야 할 말에 ○표를 하세요.

맛있는 요리를 먹을 수 있어요.	
편지를 상대방에게 직접 전달해야 해요.	
몸이 아플 때 치료할 수 없어요.	

2 다음 동네 사람들이 하는 일은 우리 동네를 어떻게 만들지 알맞게 줄로 연결하세요.

▲ 세탁소 주인

▲ 버스 운전사

▲ 태권도 사범

• 편리한 동네

• 깨끗한 동네

• 건강한 동네

'직업 놀이' 하기

개념 콕!

직업 놀이에 필요한 도구나 물건

미용사

미용실 간판 · 가위 · 빗 · 손님용 가운 · 헤어 드라이어

식당 요리사, 식당 직원

식당 간판 · 플라스틱 칼 · 젓가락 · 음식 재료용 찰흙 · 종이 메뉴판 · 위생 모자 · 접시

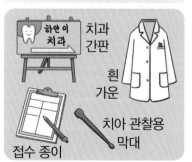

치과 의사, 간호사

치과 간판 · 흰 가운 · 접수 종이 · 치아 관찰용 막대

1 '직업 놀이'를 할 때 의사와 관련된 도구나 물건에 모두 ○표를 하여 빙고를 완성하세요.

2 다음 '직업 놀이' 모습에서 요리사는 누구인지 골라 번호를 쓰세요.

(   )

3 '직업 놀이'를 할 때 다음과 같은 도구나 물건과 어울리는 간판에 ○표를 하세요.

'목도소리' 노래하며 동작 표현하기

노래 듣기

개념 콕! '목도소리' 노래를 부르며 일하는 모습을 몸동작으로 표현하기

1 다음 '목도소리' 노래의 색칠된 ███ ░░░ 부분에 공통으로 들어갈 노랫말을 쓰세요.

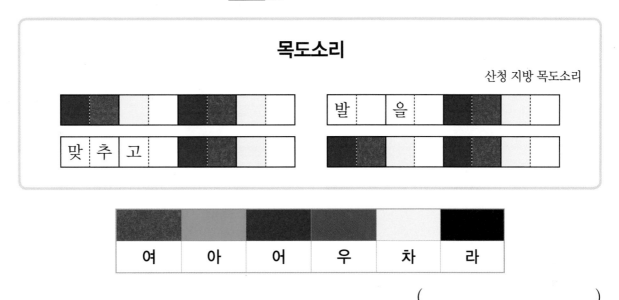

(   )

2 일을 하면서 '목도소리' 노래를 부른 까닭을 바르게 말한 어린이에 ○표를 하세요.

노래를 하면 더 힘들게 일할 수 있기 때문이에요.

서로 맞춰서 일을 해야 하기 때문이에요.

3 다음 일하는 모습과 몸동작으로 표현한 모습을 알맞게 줄로 연결하세요.

나무를 어깨에 메고 나르는 모습 •

•

나무에 톱질을 하는 모습 •

•

1 오른쪽과 같이 동네의 모습을 그림으로 나타낼 때의 알맞은 방법에 ○표를 하세요.

(1) 먼저 학교를 중심으로 길을 그려요.

(   )

(2) 동네의 산이나 건물은 표현하지 않아요.

(   )

2 오른쪽 '우리 동네 한 바퀴' 노래의 [ ] 안에 들어갈 수 <u>없는</u> 장소는 어디인가요? (   )

① 학교
② 병원
③ 우체국
④ 미용실
⑤ 경찰서

뽀글뽀글 머리 하는 [   ]
심부름 하러 가는 슈퍼
달콤한 냄새 가득 빵집
이 골목엔 뭐가 있을까

기쁜 소식 전해 주는 [   ]
우리 동네 지켜 주는 [   ]
내가 가는 즐거운 [   ]
우리 동네 사람들 만나요

3 다음 중 동네 사람들이 하는 일을 바르게 조사한 어린이를 쓰세요.

(   )

4 다음 중 불을 끄고 위험에 빠진 사람을 도와주는 직업을 골라 ○표를 하세요.

▲ 해녀   ▲ 교사   ▲ 소방관   ▲ 농부   ▲ 꽃집 주인

(   ) (   ) (   ) (   ) (   )

5 직업 놀이에서 오른쪽과 같은 준비물로 체험할 직업은 무엇인가요? (   )

① 농부
② 미용사
③ 간호사
④ 요리사
⑤ 치과 의사

필요한 도구나 물건

플라스틱 칼
음식 재료용 찰흙
젓가락
식당 간판
종이 메뉴판
접시
위생 모자

6 다음은 '목도소리' 노래에 대한 설명이에요. ☐ 안에 늘어갈 알맞은 말을 쓰세요.

'목도소리'는 무거운 짐을 나를 때 서로 맞춰서 일을 하기 위해 ☐을 맞추면서 부르는 노래입니다.

(   )

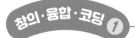

생각을 넓혀요

동네의 모습을 담은 그림

드디어 동네 그림을 완성했어! 아빠에게 자랑해야지.

아빠, 어때요? 우리 동네를 탐험하고 동네의 모습을 그림으로 나타내 보았어요.

정말 잘 했네. 꼬마 김정호 같은 걸?

김정호가 누군데요?

우리 땅의 모습을 아주 자세하게 지도로 남긴 학자야.

지도

지도는 우리가 사는 곳을 작게 줄여서 알기 쉽게 나타낸 그림이에요. 지도를 보면 산, 강, 길, 건물의 위치나 거리를 한눈에 알아볼 수 있어요.

김정호에 대해 더 이야기해 줄까?

네, 궁금해요!

김정호는 어릴 때 지도를 처음 보고 너무 신기했대. 종이 한 장에 마을의 모습이 다 담겨 있었거든.

우아~

그날부터 김정호에겐 꿈이 생겼지.

내 손으로 정확한 지도를 만들 거야!

김정호는 오랜 연구와 노력을 했고,

드디어 〈대동여지도〉를 완성했어.

완성이다! 드디어 꿈을 이뤘어!

〈대동여지도〉는 무척 정밀하고 과학적으로 만들었기 때문에 아주 훌륭한 지도라고 평가받고 있단다.

대동여지도도, 어릴 적 꿈을 이룬 김정호도 멋져요. 저도 지금부터 꿈을 위해 노력할 거예요!

하하하, 민구의 꿈이 뭘까 궁금한 걸?

🔍 지도에 대해 알아봐요!

지도는 우리가 사는 땅의 모습을 알기 쉽게 그림으로 나타낸 것이에요. 넓은 세상을 종이 위에서 한눈에 볼 수 있으니 매우 편리한 그림이지요. 우리는 지도를 통해 우리 동네의 자연환경이나 길, 건물 등이 어떤 모양으로 생겼는지, 어떤 위치에 있는지를 쉽게 알 수 있답니다.

퀴즈 팡!

☐☐ 를 이용하면 우리 동네의 자연환경뿐만 아니라 길이나 건물의 위치와 모양을 한눈에 알아볼 수 있어요.

생각을 키워요 창의·융합·코딩 ②

✏️ 코딩

1 다음 코딩 명령을 따라가서 우편집배원이 편지를 어디에 있는 누구에게 전달하였을지 쓰세요.

코딩 명령

▶ 우체국에서 이동을 시작했을 때

➡ 방향으로 2칸 이동하기

⬇ 방향으로 1칸 이동하기

➡ 방향으로 1칸 이동하기

오른쪽 방향으로 2칸 이동한 다음,
아래 방향으로 1칸 이동하고,
오른쪽 방향으로 1칸 이동해요.

우편집배원은 [ ][ ][ ]에 있는 [ ][ ][ ]에게 편지를 전달하였어요.

융합

2 다섯 고개 놀이로 우리 동네에서 일하는 사람의 직업을 찾아 ○표를 하세요.

고개	질문	대답
하나	맛있는 것을 만드나요?	아니요, 요리는 하지 않아요.
둘	밤에도 일하나요?	예, 낮에도 일하지만 밤에도 일해요.
셋	거리에서 일하나요?	예, 건물 안에서도 일하고 거리에서 일하기도 해요.
넷	거리를 청소하는 일을 하나요?	아니요, 거리 청소는 하지 않아요.
다섯	나쁜 사람으로부터 동네 사람들을 지켜 주나요?	예, 그렇습니다.
	설명하는 직업은 ☐ 인가요?	예, 맞아요.

1주

소방관 제빵사 경찰관 의사

(   ) (   ) (   ) (   )

특강

생각을 키워요 _{창의·융합·코딩 ③}

창의

3 좋은 동네를 만들어 가는 동네 사람들에 대한 십자말풀이를 완성해 보세요.

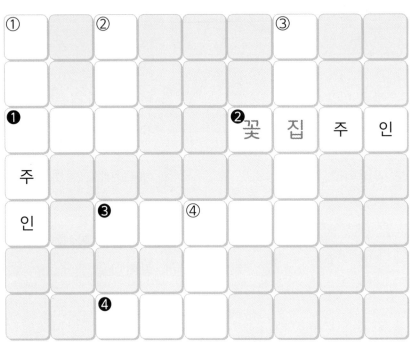

가로 열쇠

❶ ☐☐☐ 이 없으면 불이 났을 때 불을 끄기 어려워요.

❷ 꽃 집 주인은 꽃과 씨앗을 팔아요.

❸ ☐☐☐☐☐ 은 거리를 깨끗하게 청소해요.

❹ ☐☐☐ 가 없으면 맛있는 요리를 먹을 수 없어요.

세로 열쇠

① ☐☐☐ 주인은 빨랫감을 깨끗하게 빨고 다림질을 해 줘요.

② ☐☐☐ 은 나쁜 사람으로부터 우리를 지켜줘요.

③ ☐☐☐☐ 이 없으면 편지를 상대방에게 직접 전달해야 해요.

④ ☐☐☐ 가 없으면 머리를 예쁘게 자르거나 다듬을 수 없어요.

4 아래쪽에 주어진 직업 놀이 도구나 물건이 미용실 곳곳에 숨어 있어요. 미용실에 숨어 있는 직업 놀이에 필요한 도구나 물건을 다섯 가지 골라 ○표를 하세요.

직업 놀이 도구나 물건

2주에는 무엇을 공부할까? ❶

공부할 내용

1일 동네를 위해 할 수 있는 일 ~ 동네 사람에게 감사 편지 쓰기

2일 '장사꾼 노래' 부르고 '배달 놀이' 하기 ~ 우리 동네 소개하기

3일 살고 싶은 우리 동네 만들기 ~ 동네 모습 정리하기

4일 가을의 소리 ~ 가을 날씨의 특징

5일 도서관 이용하기 ~ 가을 소리 만들기

2주

⭐ 동네를 위해 할 수 있는 일을 찾아 실천하는 모습을 꾸며 보세요. 붙임딱지 2

비어 있는 부분에 알맞은 붙임딱지를 붙이고, 쓰레기 줍기, 질서 지킴이 활동, 꽃 가꾸기 등 동네를 위해 할 수 있는 일을 생각해 보도록 해요.

동네를 위해 할 수 있는 일

 개념 콕!

동네를 위해 우리가 할 수 있는 일

쓰레기 줍기	질서 지킴이 활동	동네 일손 돕기	경로당에서 공연하기

✦ 정답 5쪽

1 태훈이가 동네를 위해 실천할 수 있는 일을 골라 √표를 하세요.

복도에서 뛰어다녀서 다치는 친구들이 생겨. 친구들이 안전하게 다닐 수 있었으면 해.

태훈

동네 일손을 도와요.

질서 지킴이 활동을 해요.

경로당에서 공연을 해요.

2 쓰레기 줍기 활동에 필요한 준비물을 붙임딱지에서 찾아 붙이세요. 붙임딱지 **2**

3 쓰레기 줍기 활동을 하고 난 뒤 해야 할 일이에요. ☐ 안의 낱말을 따라 쓰세요.

쓰레기봉투를 학교로 가져와서 분 리 배 출 을 합니다.

동네 사람에게 감사 편지 쓰기

빵집 아저씨께 감사의 편지를 전달하러 가야지!

이게 뭐니?

감사 편지예요.

정말 감동적이네. 빵 먹고 가렴.

신난다!

아저씨 빵은 너무 맛있어요. 특별한 비법이 있나요?

바른 마음 가짐으로 일을 해서가 아닐까?

난 맡은 일에 책임감을 가지고, 즐거운 마음으로 빵을 만들거든.

개념 콕!

동네 사람에게 마음을 전하는 편지 쓰기

감사 편지를 누구에게 쓸지 정함.

→

경험했던 일을 떠올리며 편지를 씀.

→

받는 사람에게 감사 편지를 전달함.

1 동네 사람에게 감사 편지를 쓰는 순서에 맞게 번호를 쓰세요.

경험했던 일을 떠올리며 편지를 써요.

받는 사람에게 감사 편지를 전달해요.

감사 편지를 누구에게 쓸지 정해요.

2 다음 감사 편지와 편지를 받는 사람을 알맞게 줄로 연결하세요.

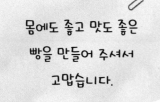

몸에도 좋고 맛도 좋은 빵을 만들어 주셔서 고맙습니다.

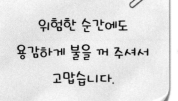

위험한 순간에도 용감하게 불을 꺼 주셔서 고맙습니다.

3 오른쪽 감사 편지의 ☐ 안에 들어갈 알맞은 직업을 쓰세요.

초성 힌트: ㅎ ㄱ ㅁ ㅎ ㅇ

(   )

△△△ ☐ 께

안녕하세요?
저는 △△ 초등학교 △△△입니다.
저녁에 쓰레기가 버려져 있던
길이 다음 날이면 깨끗하게
변해 있는 게 모두 ☐
덕분이라고 들었어요. 거리를 깨끗하게
청소해 주셔서 고맙습니다

△△ 초등학교 △△△ 올림

'장사꾼 노래' 부르고 '배달 놀이' 하기

개념 콕! '배달 놀이' 하는 방법

배달 장소 바구니

배달할 물건

물건 담는 바구니

'배달 놀이'에 필요한 도구를 준비함.

① 물건 담는 바구니에서 물건을 하나 집음.

② 알맞은 장소에 배달하여 놓고 돌아옴.

③ 다음 친구가 출발을 함.

1 '장사꾼 노래'에 나오는 장수가 등에 지고 가는 물건을 알맞게 줄로 이으세요.

독장수

사발 장수

접시 장수

접시

독

사발

2 다음 중 '배달 놀이' 하는 방법을 바르게 말한 어린이에 ○표를 하세요.

배달할 물건을 배달 장소 바구니에 넣고 돌아와요.

배달 장소 바구니에 들어 있는 물건을 가지고 돌아와요.

3 '배달 놀이'에서 배달 장수 바구니를 보고 배달할 물건 붙임딱지를 알맞게 붙이세요.

붙임딱지 2

학교

음식점

병원

2일 우리 동네 소개하기

우리 동네 소식지 만들기

꽃 모양 소식지

신문 모양 소식지

별 모양 흔들개비
(모빌) 소식지

3면 책 소식지

1 동네 소식지를 만들 때 제목과 내용을 정한 뒤 더 먼저 해야 할 일에 ✓표를 하세요.

재료를 준비하여 소식지를 만들어요.

만들고 싶은 소식지 모양을 정해요.

2 다음 중 민구가 만든 소식지를 골라 ○표를 하세요.

꽃 모양으로 색지를 오려서 소식지를 꾸미고 할핀으로 고정했어.

3 다음과 같이 종이를 접거나 잘라서 만들 수 있는 소식지의 모양을 알맞게 줄로 이으세요.

▲ 정사각형 종이를 네모, 세모로 교차해서 접어요.

▲ 정사각형 종이의 가운데 부분을 반만 잘라요.

살고 싶은 우리 동네 만들기

살고 싶은 우리 동네를 만들어 보기

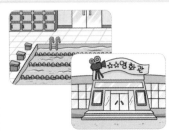

우리 동네에 필요한 것을 정함.

우리 동네에 필요한 것들을 만듦.

만든 것을 동네 그림에 올리거나 붙임.

1 살고 싶은 우리 동네를 만들 때 다음 건물들을 만들기 위해 공통으로 필요한 준비물에 ○표를 하세요.

▲ 병원 ▲ 장난감 가게 ▲ 영화관

수수깡 ☐

이쑤시개 ☐

빈 상자 ☐

2 살고 싶은 우리 동네를 만들기 위해 표시한 부분에 알맞은 붙임딱지를 붙이세요. 붙임딱지 ②

이곳에 수영을 배울 수 있는 곳이 생겼으면 좋겠어요.

★ 붙임딱지

동네 모습 정리하기

우리 동네 마무리 활동

동네 탐험 기록 자료, 동네 그림, 인터뷰 정리 자료, 직업 뉴스 활동 사진, 직업 놀이 물건, 감사 편지, 동네 소식지 등을 전시해요.

| 우리 동네 동화책 만들기 | 우리 동네 전시회 하기 | 우리 동네 나들이 안내책 만들기 |

1 다음 우리 동네 동화책의 [   ]에 들어갈 동네 사람에 ○표를 하세요.

우리 동네 빵집에서는 매일 아침 달콤한 냄새가 나요.

할머니께 답장이 왔어요. 우편집배원 아저씨는 늘 기쁜 소식을 전해 줘요.

학교 앞 횡단보도에서 우리가 안전하게 등교할 수 있도록 교통정리를 해 주세요.

우리 동네 한 바퀴

2 세아가 만든 우리 동네 안내책을 보고 소개하는 내용을 알맞게 줄로 연결하세요.

우리 동네에는 큰 공원이 있어요. 나무가 많아서 공기가 맑고 산책하기 좋아요. 새들도 많이 찾아온답니다.

우리 동네는 바다로 둘러싸여 있어서 배가 많아요. 고기를 잡는 어부를 볼 수 있고 갈매기도 볼 수 있어요.

가을의 소리

민구야, 학교 주변 산책 할래?

좋아.

나뭇잎이 알록달록 물들었네.

낙엽도 많이 떨어졌어.

풀벌레 소리다! 가까이 가서 들어 보자.

버, 벌레라고?

찌륵 찌륵

응? 민구가 어디 간 거지?

두리번

난 벌레가 무섭단 말야!

개념 콕!

가을에 들을 수 있는 소리 표현하기

가을 바람 소리	낙엽 밟는 소리	풀벌레 소리

바람이 스스스스 소리를 내요.

바스락바스락 소리가 나요.

풀벌레가 찌르르르 소리를 내요.

1 다음은 어떤 계절의 모습인지 알맞은 낱말에 색칠하세요.

겨	초	무	노
울	구	사	나
여	름	가	을
나	기	봄	다

2 다음은 어떤 소리를 나타낸 것인지 알맞게 선을 그리세요.

3 다음 몸짓으로 표현한 것은 무엇인지 알맞은 것에 ○표를 히세요.

가을 날씨의 특징

여러분의 그림일기에 나타난 가을 날씨를 알아볼까요?

날씨가 맑아 시원한 바람을 맞으며 책을 읽었다.

가을 날씨가 맑아 시원한 바람을 맞으며 책을 읽었다.

아침엔 추워 외투를 입었는데 낮엔 따뜻해서 벗었다.

가을 날씨가 아침엔 추워 외투를 입었는데 낮엔 따뜻해서 벗었다.

할머니 댁에서 감도 따고 사과도 따고 배부르게 먹었다. 내일은 뭘 먹을까?

온통 먹는 얘기구나.

가을에 할머니 댁에서 감도 따고 사과도 따고 배부르게 먹었다. 내일은 뭘 먹을까?

 개념 콕!

가을 날씨에 따른 사람들의 생활 모습

날씨가 맑아 나들이를 많이 감.

날씨가 시원해서 책 읽기에 좋음.

여러 가지 열매를 거두어 들임.

여러 가지 곡식을 말리기도 함.

1 다음 그림일기의 날씨에 그려야 할 그림으로 가장 알맞은 것에 ○표를 하세요.

2 다음 중 가을 날씨의 특징을 바르게 말한 어린이를 쓰세요.

아침과 저녁에는 따뜻하고, 낮에는 추워요.

민구

시원하고 맑은 날이 많아요.

은경

(   )

3 다음 중 가을 날씨에 따른 사람들의 생활 모습으로 옳지 <u>않은</u> 것에 ×표를 하세요.

나들이를 가요.

물놀이를 해요.

열매를 거두어 들여요.

도서관 이용하기

개념 콕!

도서관에서 지켜야 할 질서

책을 대출하거나 반납 할 때에는 차례대로 줄을 서요.

떠들거나 돌아다니지 않고 정해진 자리에 바르게 앉아서 책을 읽어요.

다 읽은 책은 책 수레나 제자리에 꽂아 놓아요.

큰소리로 떠들지 않고 조용히 해요.

책을 찢거나 더럽히지 않고 깨끗이 보아요.

책 반납일을 지켜요.

1 다음은 어느 장소의 모습인지 알맞게 줄로 연결하세요.

- 화장실

- 급식실

- 도서관

2 다음을 보고 책을 반납해야 하는 날짜를 쓰세요.

- 대출도서: 가을아 안녕?
- 대출일: 10월 8일
- 반납예정일: 10월 22일

☐ 월 ☐ 일까지

3 다음 중 도서관에서 지켜야 할 질서를 바르게 지킨 어린이를 쓰세요.

수연: 다 읽은 책이니까 책 수레에 놓아야지.

은지: 재미있는 부분이니까 찢어서 간직해야겠다.

이찬: 내 얘기 좀 들어 봐! 어제 동생하고 자전거 타면서 재미있게 놀았어.

( )

5일 가을 소리 만들기

 개념 콕! 가을 곡식을 이용한 나만의 악기 만들기

곡식은 적당량 넣어야 소리가 잘 나요.

곡식이 빠져나오지 않도록 뚜껑을 잘 닫아요.

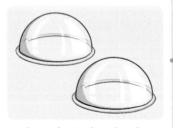

플라스틱 통을 한 쌍 준비함.

플라스틱 통 안에 가을 곡식을 넣음.

색 찰흙으로 예쁘게 꾸밈.

✚ 정답 7쪽

1 다음 가을 모습에서 들을 수 있는 소리를 알맞게 줄로 연결하세요.

• '바스락바스락'
낙엽을 밟는 소리

• '스르륵스르륵'
갈대가 바람에
흔들리는 소리

2 가을 곡식으로 나만의 악기를 만드는 순서에 맞게 번호를 쓰세요.

플라스틱 통 안에 가을 곡식을 넣어요.

플라스틱 통을 한 쌍 준비해요.

색 찰흙으로 예쁘게 꾸며요.

3 위 **2**번과 같은 악기를 만들 때 주의해야 할 점을 바르게 말한 어린이를 쓰세요.

플라스틱 통이 가득 차도록 곡식을 채워야 해요.

민구

곡식은 적당량 넣어야 소리가 잘 나요.

은경

(   )

1 오른쪽 '쓰레기 줍기' 활동과 같이 우리가 동네를 위해 할 수 있는 일은 무엇인가요? ( )

① 학교 만들기 ② 버스 운전하기
③ 택배 배달하기 ④ 교통정리 하기
⑤ 동네 일손 돕기

쓰레기 줍기

2 다음 감사의 편지를 받는 사람에 ○표를 하세요.

▲ 경찰관

( )

▲ 소방관

( )

3 '배달 놀이'의 배달할 물건과 배달 장소 바구니를 알맞게 줄로 연결하세요.

·

·

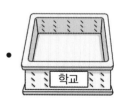
· 학교

· 병원

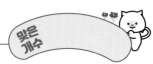
4 오른쪽과 같은 우리 동네 소식지를 만드는 까닭을 바르게 말한 어린이를 쓰세요.

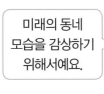
미래의 동네 모습을 감상하기 위해서예요.

민구

우리 동네를 소개하고 알리기 위해서예요.

송이

(   )

5 오른쪽과 같은 계절에 들을 수 <u>없는</u> 소리는 무엇인가요? (   )

① 바람 부는 소리
② 매미 우는 소리
③ 낙엽 밟는 소리
④ 풀벌레 우는 소리
⑤ 갈대가 바람에 흔들리는 소리

6 다음 장소에서 지켜야 할 질서로 옳은 것에 ○표를 하세요.

책을 대출할 때에는 차례대로 줄을 서요.

(   )

읽고 난 책은 아무 곳에나 꽂아 두어요.

(   )

생각을 넓혀요  창의·융합·코딩 1

가을비는 빗자루로도 피한다

가을비는 빗자루로도 피한다

가을비는 빗자루로도 피할 수 있을 만큼 양이 적다는 뜻이에요. 여름에 비해 비가 적게 오고 맑은 날이 많은 가을 날씨를 일컫는 말이랍니다.

🔍 가을 날씨에 대해 알아봐요!

가을에는 하늘이 파랗고 높아요. 맑은 날씨가 계속되고 비의 양이 적어지며 곡식이 익어가고 열매가 영글어 가게 되지요. 시원한 날씨로 야외 활동을 하기에 더 없이 좋은 계절이기도 합니다. 낮에는 따뜻하지만 아침과 저녁은 쌀쌀하기도 하니 옷차림에 유의하여야 해요.

 퀴즈 팡!

 날씨는 맑고 시원하며 아침과 저녁에는 쌀쌀합니다.

생각을 키워요 창의·융합·코딩 ②

코딩

1 지수는 동네 입구에서 출발하여 집에 도착하기까지 동네를 위해 할 수 있는 일을 모두 실천하려고 해요. ☐ 안에 알맞은 숫자를 넣어 코딩 명령을 완성하세요.

코딩 명령

▶ 동네 입구에서 출발했을 때
☐ 번 반복하기
↓ 방향으로 ☐ 칸 이동하기
→ 방향으로 ☐ 칸 이동하기

지수가 우리 동네를 위해 할 수 있는 일에는 어떤 것들이 있을까요?

동네 입구
출발
지수
쓰레기 줍기
꽃 가꾸기
학교 수리하기
홍보 활동 참여
질서 지킴이 활동
교통 정리 하기
동네 일손 돕기
지수네 집

창의

2 다음은 현재의 우리 동네 모습과 더 나아진 미래의 우리 동네 모습입니다. 달라진 부분을 세 군데 찾아 ○표 하세요.

현재의 우리 동네 모습

미래의 우리 동네 모습

생각을 키워요

융합

3 재윤이는 가을 길을 걸으며 가을 날씨의 특징을 느껴 보았어요. 숲속 도서관에 도착한 재윤이는 모두 몇 점을 얻게 될지 계산해 보세요.

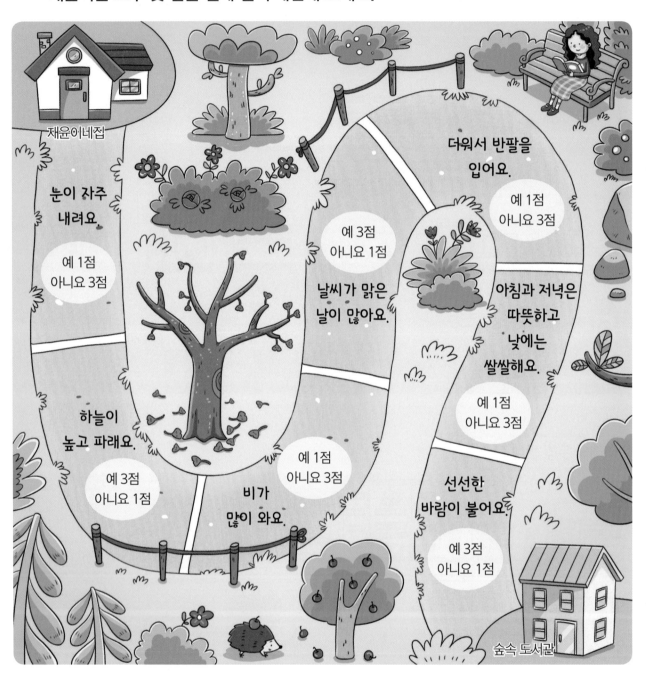

재윤이네집

눈이 자주 내려요.
예 1점
아니요 3점

하늘이 높고 파래요.
예 3점
아니요 1점

비가 많이 와요.
예 1점
아니요 3점

날씨가 맑은 날이 많아요.
예 3점
아니요 1점

더워서 반팔을 입어요.
예 1점
아니요 3점

아침과 저녁은 따뜻하고 낮에는 쌀쌀해요.
예 1점
아니요 3점

선선한 바람이 불어요.
예 3점
아니요 1점

숲속 도서관

☐ + ☐ + ☐ + ☐ + ☐ + ☐ + ☐ = ☐

코딩

4 다음은 도서관에서 책을 빌리기까지 지켜야 할 질서와 규칙이에요. 알맞은 길을 찾아 화살표로 표시해 보고, ( ) 안의 알맞은 말에 ○표를 하세요.

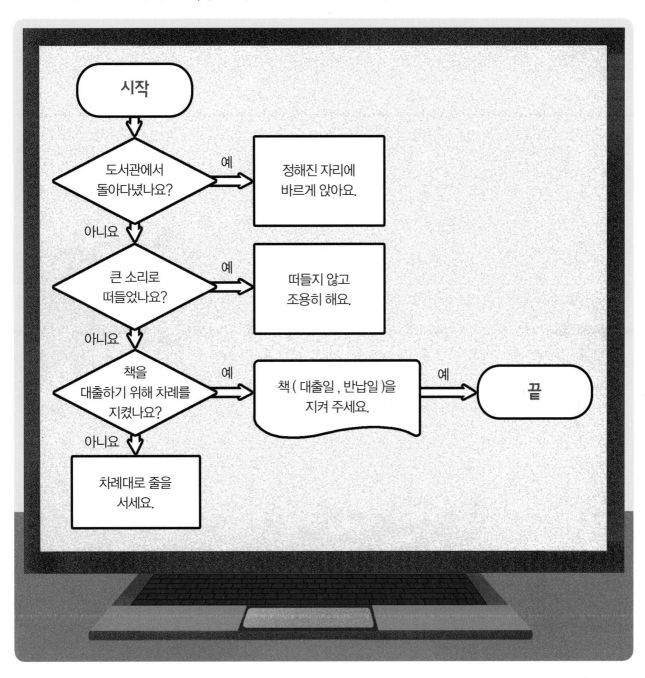

화살표 순서:

시골 할머니 댁에 오니 좋지?

네!

가을철이라 할 일이 많으니 할머니를 좀 도와드리자.

먼저 감 따는 것을 도와드릴까?

감은 둥글넓적하고 주황색이네.

만져 보니 매끈매끈해. 맛도 좋겠지?

쓰담 쓰담

앗, 떫어!

함부로 맛을 보면 안 돼. 덜 익었을 수도 있단다.

아빠, 저기 국화 축제를 하나 봐요. 사람이 많아요.

날씨가 시원해서 나들이하는 사람이 많구나.

국화 축제

공부할 내용

1일 가을에 사람들이 하는 일 ~ 도토리 모으기 놀이하기

2일 가을 열매 관찰하기 ~ 가을 열매 바구니 만들기

3일 가을의 색 찾아보기 ~ 사람이 많은 곳에서 지켜야 할 일

4일 '가을' 부르며 가을의 색 찾기 ~ 그림 속에서 가을의 모습 찾기

5일 여러 가지 낙엽 살펴보기 ~ 질서 사전 만들기

✪ 가을철 생활 모습을 꾸며 보세요. 붙임딱지 ❸

가을철에 사람들이 하는 일을 살펴보고 비어 있는 부분의 상황에 알맞은 붙임딱지를
붙여 가을철 모습을 완성해 봐요.

가을에 사람들이 하는 일

여러분, 가을철에 사람들은 어떤 일을 할까요?

벼를 거두어들이고 고구마도 캐고, 배추도 뽑아요. 열매도 따고요.

어머, 민구가 정말 많이 알고 있구나?

주말에 할머니 댁에서 일을 도와드렸거든요.

모두와 함께 나눠 먹으려고 수확한 밤을 가져왔어요!

 개념 콕!

가을철 열매 알아보기

사과	밤	벼	감

배	도토리	콩	대추

과수원	산	논과 밭	집 주변

1 다음과 같은 일을 하는 계절에 ○표를 하세요.

▲ 사과 따기

▲ 벼 거두어들이기

▲ 배추 뽑기

| 봄 |
| 여름 |
| 가을 |
| 겨울 |

2 설명에 맞게 번호를 색칠하면 어떤 열매가 나타나는지 쓰세요.

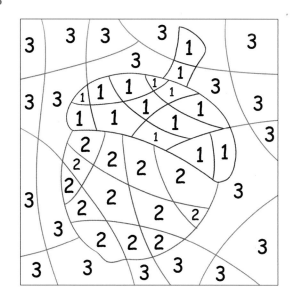

1번 ➡ 짙은 갈색
2번 ➡ 갈색
3번 ➡ 노란색

3 다음 수수께끼의 정답에 ✓표를 하세요.

• 나는 갈색 옷을 입고 있고 딱딱해요.
• 나는 뾰족뾰족한 가시 안에 들어 있어요.
• 나는 누구일까요?

도토리 모으기 놀이하기

개념 콕!

도토리 모으기 놀이 방법

다람쥐를 한 명 정하고 나머지 친구는 모두 도토리가 됨.

다람쥐가 "도토리를 모으자!"라고 외친 후, 도토리를 모음.

잡힌 도토리도 다람쥐가 되어 다른 도토리를 모으러 감.

모든 도토리를 모으면 놀이가 끝남.

1 '도토리 모으기 놀이' 순서에 맞게 숫자를 쓰세요.

모든 도토리를 모으면 도토리 모으기 놀이가 끝나요.

다람쥐를 한 명 정하고 나머지 친구는 모두 도토리가 되어요.

다람쥐가 "도토리를 모으자!"라고 외친 후, 도토리를 모으러 달려가요.

다람쥐의 손에 닿은 도토리도 다람쥐가 되어 다른 도토리를 모으러 가요.

2 다음 '도토리 모으기 놀이'에서 다람쥐(술래)인 어린이를 모두 골라 ○표를 하세요.

가을 열매 관찰하기

개념 콕!

가을 열매 관찰하기

구분	사과	배	감
눈	둥글고 빨간색임.	둥글고 크며 누런색임.	둥글넓적하고 주황색임.
입	새콤달콤함.	단맛이 남.	단맛이 남.
손	단단하고 매끄러움.	까칠까칠함.	매끈매끈함.

+ 정답 9쪽

1 다음 중 가을 열매를 관찰하는 방법을 바르게 말한 어린이의 이름을 쓰세요.

눈, 코, 입, 귀, 손 등을 이용해서 관찰해요.

송이

모르는 열매는 먼저 맛을 보아요.

태훈

(   )

2 다음에서 설명하는 열매를 찾아 색칠하세요.

- 둥글넓적하고 주황색이에요.
- 만져 보면 매끈매끈해요.
- 맛을 보면 단맛이 나요.

배	벼	사	과	감	도	토	리

3 다음 가을 열매의 겉모양을 보고 알맞은 속 모양 붙임딱지를 붙이세요. 붙임딱지 ❸

겉모양	사과	배	감
속 모양	★붙임딱지	★붙임딱지	★붙임딱지

가을 열매 바구니 만들기

바구니를 만들어야지!

바구니가 뭔데?

물건을 담아 두거나 다른 곳으로 옮길 때 사용하는 거야. 양쪽에 손잡이가 있지.

난 바구니에 담을 가을 열매를 만들래.

다 만들었어. 어때?

뭘 만든 거야?

가을 열매인 감이잖아.

다른 색과 섞이지 않게 조심해서 만들어야지.

개념 콕!

가을 열매 바구니와 가을 열매 만들기

찰흙으로 가을 열매 바구니 만들기

원하는 모양의 밑판을 만듦.

손바닥으로 찰흙을 밀어 긴 줄을 만듦.

긴 줄을 층층이 올리고 손잡이를 붙임.

종이접기로 가을 열매(사과) 만들기

네 모서리 부분을 가운데로 모아 접음.

네 모서리를 조금 더 접고 하나를 올림.

뒤집어 잎을 오려 붙여서 완성함.

1 다음은 무엇에 대한 내용인지 ☐ 안에 글자를 완성하세요.

- 모양이 다양해요.
- 양쪽에 손잡이가 있어요.
- 물건을 담아 두거나 다른 곳으로 옮길 때 사용해요.

2 다음 중 종이컵과 종이접기로 만든 가을 열매 바구니에 ○표를 하세요.

3 찰흙으로 가을 열매 바구니를 만드는 순서에 알맞게 숫자를 쓰세요.

원하는 모양의 밑판을 만들어요.

손바닥으로 찰흙을 밀어 긴 줄을 만들어요.

긴 줄을 충충이 올리고 손잡이를 붙여요.

가을의 색 찾아보기

여러분은 주말을 어떻게 보냈나요?

단풍 구경을 다녀왔어요.

억새 축제에 갔어요!

가을 날씨가 선선해서 나들이를 많이 갔네요.

날씨가 맑아서 활동하기 좋았죠?

그래서 우리 반도 가을 소풍으로 국화 축제에 가기로 했어요.

우아! 신난다!

 개념 콕!

내가 찾은 가을의 색으로 책 만들기

울긋불긋 단풍
↓
빨간색, 노란색

누렇게 익은 벼
↓
황금색

토실토실한 밤
↓
갈색

→

가을에 경험한 내용과 내가 찾은 가을의 색으로 피라미드 책을 만듦.

1 자음과 모음을 연결하여 다음과 같은 축제를 볼 수 있는 계절을 쓰세요.

ㅇ	ㄱ	ㄹ	ㅏ	ㅡ

(   )

2 가을철 모습에서 찾을 수 있는 가을의 색을 줄로 연결하세요.

3 내가 찾은 가을의 색으로 책을 만들려고 해요. 가을의 색에 알맞게 색질하세요.

울긋불긋 나뭇잎

사람이 많은 곳에서 지켜야 할 일

사람들이 많이 모였네.

우리도 줄 서자.

국화축제

줄이 너무 길군. 새치기를 해야지.

획

아저씨, 차례를 지키세요. 질서를 지키지 않으면 여러 사람이 불편해져요.

맞아요, 다른 사람을 배려해 주세요.

미, 미안하다.

개념 콕!

사람들이 많이 모이는 곳에서 지켜야 할 질서

공중화장실	전시회장	체험 학습장	학습 발표회장

차례차례 줄을 서서 순서를 기다림.	조용히 눈으로만 보고, 떠들거나 뛰어다니지 않음.	쓰레기를 함부로 버리지 않고 주변의 쓰레기를 주움.	조용히 하고, 앞자리의 의자를 발로 차지 않음.

1 사람들이 많이 모이는 곳에서의 마음가짐을 바르게 말한 어린이를 쓰세요.

은경

쓰레기를 함부로 버리지 않아야 해요.

민구

질서를 잘 지키고 나만 생각하는 마음을 가져야 해요.

(   )

2 공중화장실에서 줄을 설 때 질서를 지킨 모습을 붙임딱지를 붙여 완성하세요. 붙임딱지 ③

3 학습 발표회장에서 질서를 바르게 지키는 모습에 ◯표를 하세요.

'가을' 부르며 가을의 색 찾기

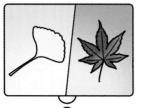

여러 가지 방법으로 가을의 색 표현하기

색종이를
찢어 붙이기

면봉에 물감
묻혀 찍기

손가락에 물감
묻혀 찍기

색연필로
색칠하기

1 '가을' 노래의 ☐ 부분 노랫말에 알맞은 가을에 볼 수 있는 것을 골라 ○표를 하세요.

가을은– 가을은 노란색 ☐ 을 보세요

그래 그래 가을은 노란색 아주 예쁜 노란색

2 가을의 모습에서 찾을 수 있는 가을의 색을 각각 색칠해 보세요.

3 가을의 색을 표현하는 방법과 표현한 모습을 알맞게 줄로 연결하세요.

색종이를
찢어 붙이기 •

색연필로
색칠하기 •

그림 속에서 가을의 모습 찾기

헨리 힐러 파커의 〈추수〉라는 그림이야.

사람들이 수레에 마른 풀을 싣고 있어.

가을 들판의 모습이 잘 표현되어 있네.

이 작품을 보고 인상 깊은 부분을 몸으로 표현해 볼까?

수레를 잡고 있는 모습이구나.

우리는 마른 풀을 실어서 무거워진 수레를 표현했어.

무, 무거워.

낑낑

개념 콕!

그림 속 가을 풍경

헨리 힐러 파커 〈추수〉

노란색과 황토색을 사용하여 가을 들판의 모습을 표현함.

앨버트 비어슈타트 〈가을 숲〉

빨간색과 주황색을 사용하여 나뭇잎이 붉게 물든 모습을 표현함.

✦ 정답 10쪽

1 그림을 보고 인상 깊은 부분을 이야기한 것이에요. ☐ 안에 알맞은 말을 쓰세요.

단풍으로 빨갛게 물든
숲이 강에 비쳐서
온 세상이 ☐☐☐
물든 것처럼 보여요.

2 다음 가을 풍경 그림에서 많이 사용된 색에 ○표를 하세요.

• 가을 하늘에는 (⬛ , ⬛)이
많이 사용되었어요.

• 가을 들판에는 (⬛ , ⬛)이
많이 사용되었어요.

3 오른쪽은 그림 속의 인상 깊은 장면을 몸으로 표현하는 모습이에요. 어떤 그림 속의 장면을 표현한 것인지 골라 ✓표를 하세요.

수레에 마른 풀을 싣자!

여러 가지 낙엽 살펴보기

개념 콕!

낙엽의 특징에 따라 무리 지어 보기

색깔에 따라 무리 짓기	모양에 따라 무리 짓기	크기에 따라 무리 짓기
빨간색 낙엽 / 노란색 낙엽	길쭉한 낙엽 / 둥근 낙엽	큰 낙엽 / 작은 낙엽

1 낙엽을 관찰하기 위해 낙엽을 바르게 모은 어린이를 쓰세요.

나무를 흔들어 낙엽을 떨어뜨려서 모았어요.

태훈

떨어져 있는 낙엽만 주워서 모았어요.

은경

(   )

2 낙엽을 어떤 특징에 따라 무리 지은 것인지 알맞은 말에 ○표를 하세요.

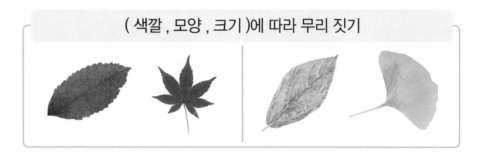

(색깔 , 모양 , 크기)에 따라 무리 짓기

3 친구의 머리에 두른 종이띠에 낙엽 붙임딱지를 붙여 왕관을 꾸며 보세요. 붙임딱지 ④

질서 사전 만들기

개념 콕!

질서에 대한 자기 생각 쓰기

도서관	바른 자세로 앉아 조용히 책을 읽는 것
학습 발표회장	앞자리의 의자를 발로 차지 않고, 옆 친구와는 조용히 이야기하는 것
전시회장	작품을 눈으로만 보고, 차례대로 줄을 서서 조용히 보는 것
운동회	규칙을 지키고, 끝까지 최선을 다하는 것
공중화장실	차례대로 줄을 서고, 사용하고 난 다음에는 꼭 물을 내리는 것

✦ 정답 11쪽

1 사람이 많이 모이는 곳에서 바르게 행동한 모습에 ○표를 하세요.

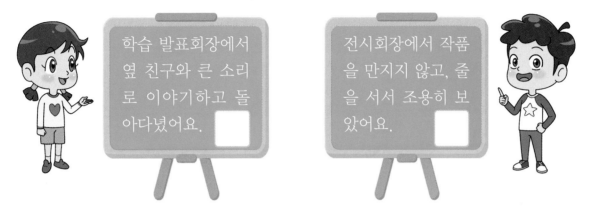

학습 발표회장에서 옆 친구와 큰 소리로 이야기하고 돌아다녔어요.

전시회장에서 작품을 만지지 않고, 줄을 서서 조용히 보았어요.

2 우리만의 질서 사전을 만드는 순서에 맞게 번호를 쓰세요.

우리만의 질서 사전을 발표하고 전시해요.

모둠 친구들의 카드를 모아 책으로 만들어요.

질서에 대한 자기 생각을 써요.

3 다음 ☐ 안에 알맞은 말을 쓰세요.

우리 모두 사람들이 많이 모이는 곳에서 ☐☐를 잘 지켜요.

누구나 100점 TEST

1 다음과 같은 일을 하는 계절은 언제인지 쓰세요.

(   )

2 오른쪽과 같이 사과의 겉모양을 눈으로 살펴보았을 때 알 수 있는 점을 두 가지 고르세요. (   )

① 사과의 맛
② 사과의 색깔
③ 사과의 모양
④ 사과 속의 색깔
⑤ 사과 씨앗의 개수

3 다음과 같은 가을 열매와 바구니를 만들 때 유의할 점으로 알맞은 것에 ○표를 하세요.

책상에 찰흙이 묻지 않도록 신문지를 깔면 좋아요.	색깔이 다른 찰흙을 만질 때에는 색이 섞여도 괜찮아요.

(   ) (   )

4 가을에 볼 수 있는 모습에서 가을의 색을 각각 찾아 쓰세요.

은행나무의 잎

(   )

감나무에 열린 감

(   )

밤송이 안에 들어 있는 밤

(   )

5 오른쪽과 같은 전시회장에서 지켜야 할 질서로 알맞은 것에 모두 ○표를 하세요.

(1) 떠들거나 뛰어다니지 않아요.   (   )

(2) 조용히 작품을 만져 보며 감상해요.   (   )

(3) 차례차례 줄을 서서 관람 순서를 지켜요.

(   )

6 다음은 낙엽을 어떤 특징에 따라 무리 지은 것인가요? (   )

① 색깔에 따라

② 크기에 따라

③ 모양에 따라

④ 만져 본 느낌에 따라

⑤ 낙엽을 모은 장소에 따라

3주 특강 생각을 넓혀요 창의·융합·코딩 ❶

낮과 밤의 길이가 같아지는 추분

가을 날씨가 선선하고 참 좋구나.

하늘도 높고 푸르러요.

이제 곧 추분이니 가을걷이가 시작되겠네.

추분? 그게 뭐예요?

추분은 24절기 중 하나란다.

추분

농사가 중요했던 우리나라는 계절의 변화에 따라 24절기를 나누어 해야 할 일을 정하고 철에 맞는 음식과 놀이를 즐겼어요. 그중 추분은 낮과 밤의 길이가 같아지는 날로, 이때쯤 논밭의 곡식을 거두기 시작해요.

추분은 가을을 반으로 나눈다는 뜻으로, 낮과 밤의 길이가 같아져서 본격적인 가을이 왔음을 뜻하지.

추분에는 논밭의 곡식을 거두는 가을걷이를 한단다.

🔍 추분에 대해 알아봐요!

추분은 24절기의 하나로, 낮과 밤의 길이가 같아지는 날이에요. 추분이 지나면 낮보다 밤의 길이가 길어지기 시작하지요. 추분 무렵은 따뜻한 가을볕과 시원한 바람을 맞으며 잘 익은 논밭의 곡식을 거두어들이는 중요한 시기이기두 합니다.

낮과 밤의 길이가 같아지는 절기로, 논밭의 곡식을 거두어들이는 시기는?

답

생각을 키워요

창의·융합·코딩 2

1 농부가 시골길을 지나며 가을에 해야 할 일들을 모두 끝내야 해요. 농부가 마지막에 만나게 되는 동물에 ○표를 하세요.

융합

2 다음은 가을에 볼 수 있는 여러 가지 열매예요. 가을 열매를 색깔에 따라 분류하고 그 수를 세어 보세요.

구분	빨간색	노란색 (누런색)	갈색	주황색
세면서 표시하기	~~////~~ ////	~~////~~ ////	~~////~~ ////	~~////~~ ////
열매의 수 (개)		5		

생각을 키워요 창의·융합·코딩 3

창의

3 다음 왼쪽 그림을 보고 바르게 행동하는 모습을 붙임딱지로 붙이고, 사람이 많이 모이는 곳에서 지켜야 할 것을 □ 안에 써 보세요. 붙임딱지 4

사람들이 많이 모이는 곳에서는 □□를 잘 지켜요.

4 다음 여러 가지 낙엽을 코딩에 따라 두 무리로 나누었습니다. ☐ 안에 들어갈 알맞은 말에 ○표를 하세요.

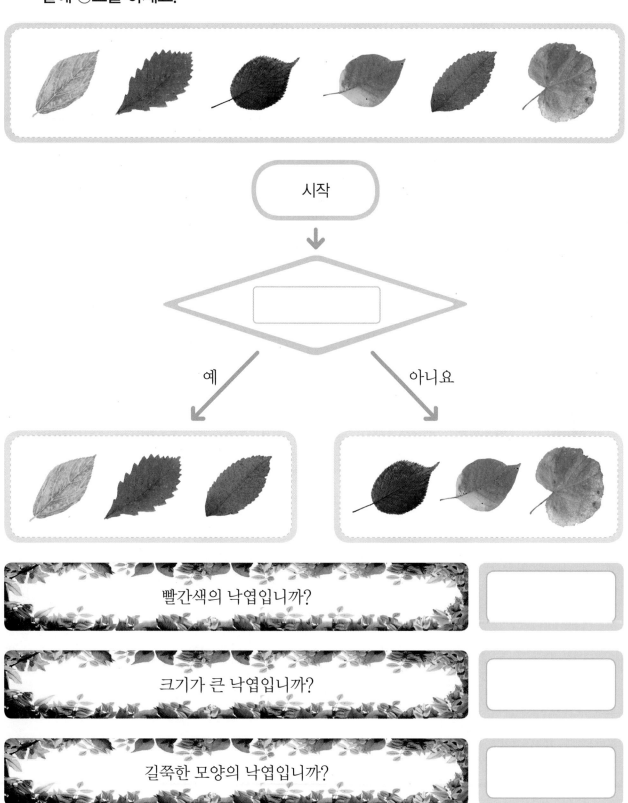

시작

예   아니요

빨간색의 낙엽입니까?

크기가 큰 낙엽입니까?

길쭉한 모양의 낙엽입니까?

공부한 내용을 정리해요

1 민율이는 엄마 심부름으로 우표를 사고, 우유를 산 뒤 집으로 돌아왔습니다. 민율이가 다녀온 곳에 모두 ○표를 하고, 우푯값과 우윳값이 각각 얼마인지 계산하여 쓰세요.

우푯값

우윳값

[   ] 원   [   ] 원

+ 정답 13쪽

2 사다리타기를 하여 직업에 필요한 도구나 물건을 붙임딱지로 붙이세요. 붙임 딱지 ④

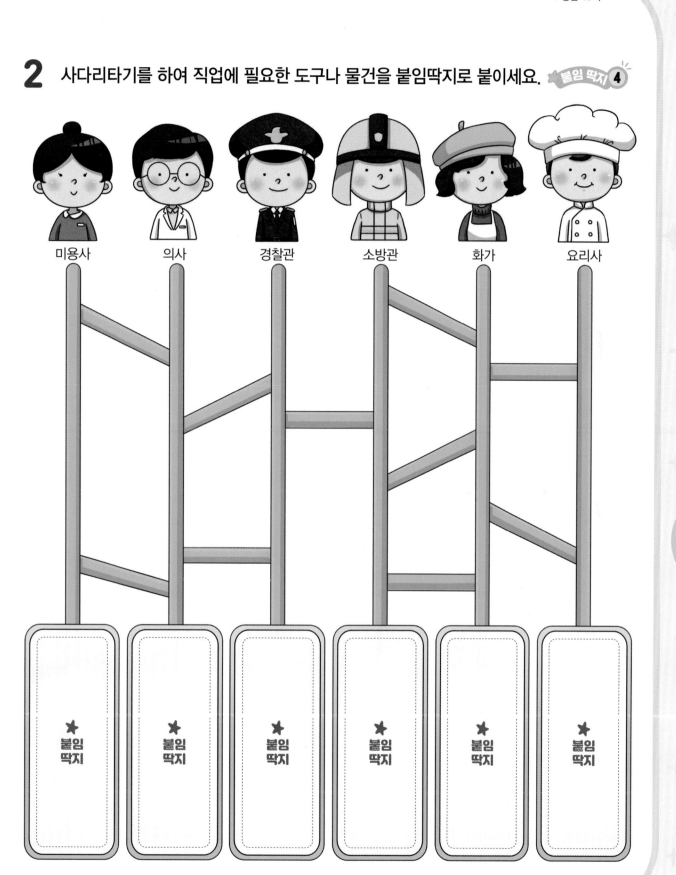

미용사　　의사　　경찰관　　소방관　　화가　　요리사

★ 붙임 딱지　★ 붙임 딱지　★ 붙임 딱지　★ 붙임 딱지　★ 붙임 딱지　★ 붙임 딱지

3 다음 화살표 카드에 따라 순서대로 한 칸씩 이동하면 가을 날씨의 특징을 알 수 있어요. 화살표 카드의 빈 곳에 알맞은 화살표를 그려 보세요.

날씨를 알려 드리겠습니다. / 시작	선선해요.	번개	눈
매우 더워요.	맑아요.	높고 푸른 하늘	아침에 쌀쌀해요.
장마	태풍	잦은 비바람	낮에는 따뜻해요.
폭설	먹구름	우박	이상 날씨를 알려드렸습니다. / 끝

❶ ➡ 오른쪽　**❷** ⬇ 아래쪽　**❸**　**❹**　**❺** ⬇ 아래쪽　**❻** ⬇ 아래쪽

4 다음 그림일기에 나타난 감의 겉모양의 특징을 따라 써 보고, 빈칸에 감의 속 모양의
특징을 써서 일기를 완성하세요.

	가	족	들	과		감	을		땄
다	.		둥	글	넓	적	한		주	황
색		감	을		반	으	로		잘
랐	더	니						

기초 종합 정리 문제

1 '우리 동네 한 바퀴' 노랫말의 일부분에서 빈칸에 들어갈 노랫말로 알맞은 동네 장소에 ○표를 하세요.

> 기쁜 소식 전해 주는 ☐☐☐
> 우리 동네 지켜 주는 경찰서
> 내가 가는 즐거운 학교
> 우리 동네 사람들 만나요

(   ) (   ) (   )

2 동네 사람들이 하는 일을 조사할 때 지켜야 할 점을 바르게 이야기한 어린이를 쓰세요.

친구와 시끄럽게 이야기해요.
 송이

예의 바르게 인사를 하고, 방문 이유를 말씀드려요.
 태훈

질문을 하고 말씀하시는 내용은 듣지 않아요.
 민구

(   )

3 벼, 채소, 과일 등을 기르는 동네 사람은 누구인가요? (   )

①
▲ 경찰관

②
▲ 의사

③
▲ 제빵사

④
▲ 농부

4 다음 직업 놀이를 할 때 필요한 준비물을 알맞게 줄로 연결하세요.

미용사	식당 요리사	치과 의사

5 다음은 동네를 위해 어떤 일을 한 것인지 빈칸에 알맞은 말을 쓰세요.

[　　　　] 가꾸기　　　[　　　　] 지킴이 활동　　　[　　　　] 줍기

6 다음 동네 소식지를 만드는 방법에서 (　　　) 안의 알맞은 말에 ◯표를 하세요.

소식지 제목과 내용을 정하고 소개하고 싶은 내용을 잘 전달할 수 있는 소식지 (모양 , 크기)을/를 정한 뒤에 우리 동네 소식지를 만들어요.

7 다음 우리 동네에서 달라졌으면 하는 것을 보고, 동네에 필요한 것을 만든 것에 ○ 표를 하세요.

> 우리 동네에도 수영을 배울 수 있는 곳이 있었으면 좋겠어요.

▲ 병원   ▲ 장난감 가게   ▲ 수영장

(   )   (   )   (   )

8 다음과 같은 생활 모습을 볼 수 있는 계절은 언제인지 쓰세요.

책 읽기에 좋아요.

여러 가지 열매를 거두어들이고, 곡식을 말리기도 해요.

(   )

9 가을철 열매가 <u>아닌</u> 것은 어느 것인가요? (   )

① ▲ 사과   ② ▲ 밤   ③ ▲ 수박   ④ ▲ 배

10 다음 종이접기로 만든 가을 열매를 글자 카드에서 찾아 두 글자로 쓰세요.

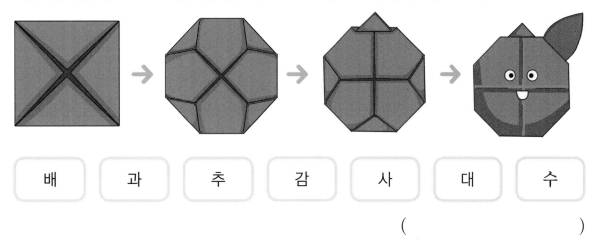

| 배 | 과 | 추 | 감 | 사 | 대 | 수 |

(   )

11 사람들이 많이 모이는 곳에서 질서를 잘 지킨 어린이에게 ○표를 하세요.

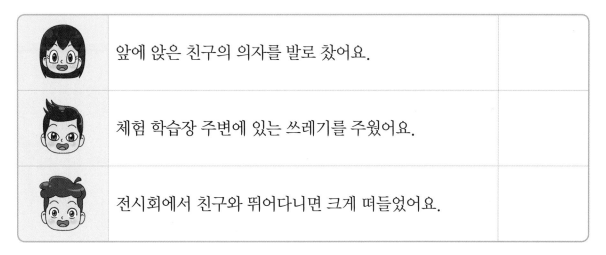

	앞에 앉은 친구의 의자를 발로 찼어요.	
	체험 학습장 주변에 있는 쓰레기를 주웠어요.	
	전시회에서 친구와 뛰어다니면 크게 떠들었어요.	

12 다음 가을 모습에서 공통적으로 찾을 수 있는 가을 색깔은 어느 것인가요? (   )

① 빨간색
② 보라색
③ 파란색
④ 노란색
⑤ 분홍색

1 동네 그림을 보고, 빈칸에 들어갈 알맞은 말을 쓰세요.

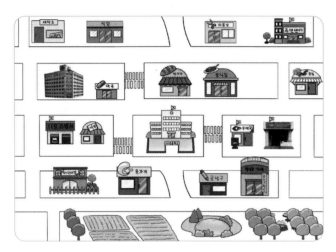

□□□□을/를 중심으로 길을 그린 뒤에 조사한 자료를 붙여서 동네 모습을 그림으로 나타냈어요.

(   )

2 밤에도 동네 사람들의 안전을 위해 일을 하는 사람은 누구인가요? (   )

①    ②    ③    ④

3 다음 동네 사람들은 어떤 동네를 만들기 위해 일하는지 쓰세요.

사람이 아플 때 치료해 줘요.

벼, 채소, 과일 등을 길러요.

(   )

4 '목도소리' 노래를 부르며 나무를 어깨에 메고 나르는 동작을 표현한 모습에 ○표를 하세요.

(   )   (   )

5 다음 감사 편지를 받을 동네 사람은 누구인가요? (   )

안녕하세요?
　저는 △△ 초등학교에 다니는 ○○○입니다.
　학교 옆 횡단보도에서 안전하게 길을 건널 수 있도록 도와주셔서 감사합니다. 언제나 안전하게 지낼 수 있도록 지켜 주세요.
　그럼 안녕히 계세요.
　△△초등학교 ○○○ 올림

① 경찰관
② 안경사
③ 미용사
④ 환경미화원
⑤ 우편집배원

6 배달 놀이를 할 때 다음 물건을 배달해야 할 장소를 찾아 쓰세요.

> 방송국, 미용실, 병원, 학교, 은행, 음식점

(   )   (   )   (   )

마무리 학습

7 가을철 시원하고 맑은 날 사람들의 생활 모습으로 알맞지 <u>않은</u> 것을 골라 기호를 쓰세요.

(   )

8 도서관에서 지켜야 할 질서를 바르게 이야기한 어린이를 쓰세요.

책을 빌릴 때에는 차례대로 줄을 서요.   은경

읽고 난 책은 아무 곳에 놓아요.   민구

친구와 이야기할 때는 크게 말해요.   송이

(   )

9 가을철에 사람이 하는 일을 보고 관련 있는 가을철 열매를 글자 카드에서 찾아 두 글자로 쓰세요.

고	은	벼	추
도	배	구	리
호	마	행	토

(   )

10 다음 어린이들이 관찰하는 가을 열매는 무엇인지 쓰세요.

(   )

11 갈색을 찾을 수 있는 가을 풍경은 어느 것인가요? (   )

① ② ③ ④

12 다음은 여러 가지 낙엽을 모양에 따라 무리 지은 모습이에요. (   ) 안의 알맞은 말에 ○표를 하세요.

(둥근 , 길쭉한) 낙엽	(둥근 , 길쭉한) 낙엽
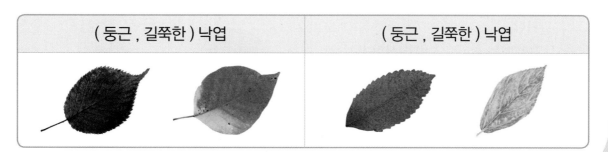	

학력 진단 TEST

1 다음 동네 사람이 하는 일은 무엇인가요? (   )

① 아플 때 치료해 줘요.
② 편지 등을 전달해 줘요.
③ 맛있는 빵과 케이크를 만들어요.
④ 나쁜 사람으로부터 우리를 지켜 줘요.

2 '미용사' 직업 놀이를 할 때 필요한 준비물에 ○표를 하세요.

▲ 흰 가운   ▲ 빗   ▲ 메뉴판

(   )   (   )   (   )

3 지우는 동네 사람에게 감사한 마음을 전하기 위해 편지를 썼어요. 빈칸에 들어갈 알맞은 동네 사람은 누구인가요? (   )

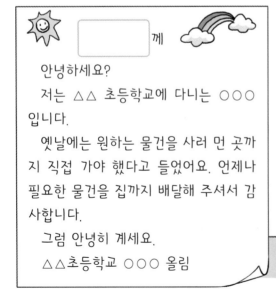

[   ]께

안녕하세요?
저는 △△ 초등학교에 다니는 ○○○
입니다.
옛날에는 원하는 물건을 사러 먼 곳까
지 직접 가야 했다고 들었어요. 언제나
필요한 물건을 집까지 배달해 주셔서 감
사합니다.
그럼 안녕히 계세요.
△△초등학교 ○○○ 올림

① 경찰관
② 소방관
③ 환경미화원
④ 택배 배달원

+ 정답 16쪽

4 다음 가을철 열매의 이름을 쓰세요.

- 단맛이 나요.
- 둥글고 크며 누런색이에요.
- 풀 냄새와 비슷한 냄새가 나요.
- 까칠까칠하고 껍질이 두꺼워요.

(   )

5 다음 '가을' 노래의 일부분에서 빈칸에 들어갈 알맞은 노랫말은 어느 것인가요?

(   )

가을

김성균 작사 · 작곡

가을은－가을은　빨 간 색　[ ]을보 세　요

① 은행잎　　　　　　　　② 단풍잎
③ 밤송이　　　　　　　　④ 높은 하늘

6 다음 가을철 모습에서 찾을 수 있는 가을의 색을 보기 에서 모두 골라 쓰세요.

보기
- 흰색　　　　· 빨간색　　　　· 초록색
- 연두색　　　· 분홍색　　　　· 노란색

(   )

마무리 학습 • **117**

학력 진단 TEST

1 다음 중 우리 동네 한 바퀴 노랫말에 어울리는 동네 장소를 바르게 줄로 연결하세요.

• • •

• • •

| 뽀글뽀글 머리 하는 | 기쁜 소식 전해 주는 | 달콤한 냄새 가득 |

2 다음 중 안전한 동네를 만들기 위해 일을 하는 사람은 누구인가요? (   )

①    ②    ③    ④

▲ 선생님   ▲ 미용사   ▲ 경찰관   ▲ 꽃집 주인

3 다음 중 동네를 위해 우리가 할 수 있는 일이 <u>아닌</u> 것은 어느 것인가요? (   )

① 꽃 가꾸기

② 쓰레기 줍기

③ 경로당 짓기

④ 동네 일손 돕기

4 도서관을 이용하는 모습을 보고 빈칸에 알맞은 낱말을 **보기** 에서 찾아 쓰세요.

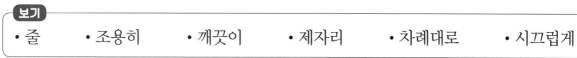

보기
• 줄   • 조용히   • 깨끗이   • 제자리   • 차례대로   • 시끄럽게

큰 소리로 떠들지 않고

[   ] 해요.

책을 대출하거나 반납할

때에는 [   ]

줄을 서요.

다 읽은 책은 책 수레나

[   ] 에 꽂아

놓아요.

5 가을철 과수원에서 볼 수 있는 열매는 어느 것인가요? (   )

① ▲ 딸기   ② ▲ 벼   ③ ▲ 귤   ④ ▲ 사과

6 가을철 사람들의 모습으로 알맞지 <u>않은</u> 것에 ○표를 하세요.

(   )   (   )   (   )

마무리
학습

memo

정답

차례

1주 학습 ································· 1

2주 학습 ································· 5

3주 학습 ································· 9

마무리 학습 ····························· 13

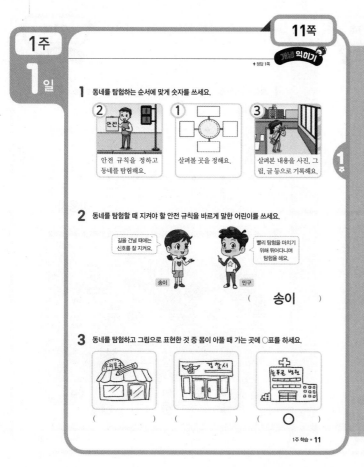

1주 1일

11쪽

개념 익히기

1 동네를 탐험하는 순서에 맞게 숫자를 쓰세요.

② 안전 규칙을 정하고 동네를 탐험해요. ① 살펴볼 곳을 정해요. ③ 살펴본 내용을 사진, 그림, 글 등으로 기록해요.

2 동네를 탐험할 때 지켜야 할 안전 규칙을 바르게 말한 어린이를 쓰세요.

(**송이**)

3 동네를 탐험하고 그림으로 표현한 것 중 몸이 아플 때 가는 곳에 ○표를 하세요.

( ) ( ) (○)

1주 학습 • 11

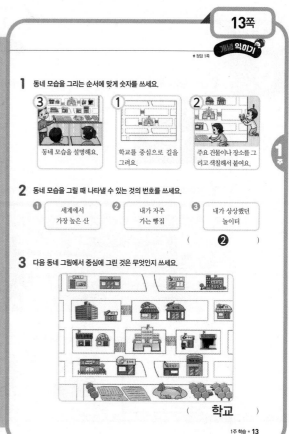

13쪽

개념 익히기

1 동네 모습을 그리는 순서에 맞게 숫자를 쓰세요.

③ 동네 모습을 설명해요. ① 학교를 중심으로 길을 그려요. ② 주요 건물이나 장소를 그리고 색칠해서 붙여요.

2 동네 모습을 그릴 때 나타낼 수 있는 것의 번호를 쓰세요.

① 세계에서 가장 높은 산 ② 내가 자주 가는 빵집 ③ 내가 상상했던 놀이터

(**②**)

3 다음 동네 그림에서 중심에 그린 것은 무엇인지 쓰세요.

(**학교**)

1주 학습 • 13

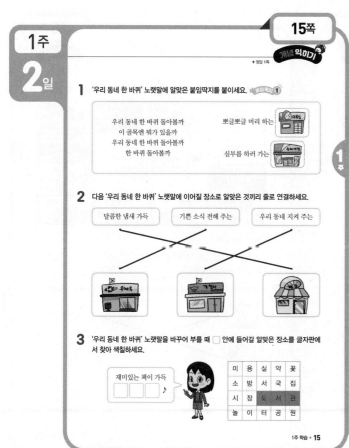

1주 2일

15쪽

개념 익히기

1 '우리 동네 한 바퀴' 노랫말에 알맞은 붙임딱지를 붙이세요.

우리 동네 한 바퀴 돌아볼까
이 골목엔 뭐가 있을까
우리 동네 한 바퀴 돌아볼까
한 바퀴 돌아볼까

뽀글뽀글 머리 하는

심부름 하러 가는

2 다음 '우리 동네 한 바퀴' 노랫말에 이어질 장소로 알맞은 것끼리 줄로 연결하세요.

달콤한 냄새 가득 / 기쁜 소식 전해 주는 / 우리 동네 지켜 주는

3 '우리 동네 한 바퀴' 노랫말을 바꾸어 부를 때 □ 안에 들어갈 알맞은 장소를 글자판에서 찾아 색칠하세요.

재미있는 책이 가득

미	용	실	악	꽃
소	방	서	국	집
시	장	도	서	관
놀	이	터	공	원

1주 학습 • 15

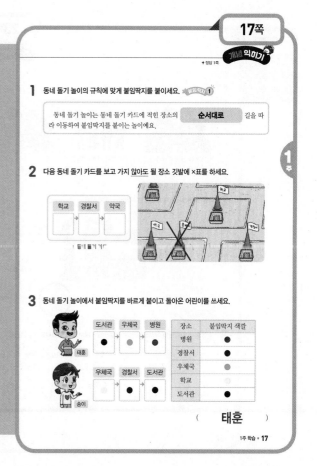

17쪽

개념 익히기

1 동네 돌기 놀이의 규칙에 맞게 붙임딱지를 붙이세요.

동네 돌기 놀이는 동네 돌기 카드에 적힌 장소의 **순서대로** 길을 따라 이동하여 붙임딱지를 붙이는 놀이예요.

2 다음 동네 돌기 카드를 보고 가지 않아도 될 장소 깃발에 ×표를 하세요.

| 학교 | → | 경찰서 | → | 약국 |

동네 돌기 카드

3 동네 돌기 놀이에서 붙임딱지를 바르게 붙이고 돌아온 어린이를 쓰세요.

태훈: 도서관 → 우체국 → 병원

송이: 우체국 → 경찰서 → 도서관

장소	붙임딱지 색깔
병원	●
경찰서	●
우체국	●
학교	
도서관	●

(**태훈**)

1주 학습 • 17

1주 3일

개념 익히기
+정답 2쪽

1 동네 사람들이 하는 일을 조사할 때 알맞은 질문 내용이 아닌 것에 ×표 하세요.

- 주로 하시는 일은 무엇인가요? ☐
- 보통 하루에 얼마 정도 버시나요? ☒
- 일을 하면서 보람된 점은 무엇인가요? ☐

2 사다리를 타고 동네 사람들이 하는 일을 바르게 조사한 어린이에 ○표를 하세요.

- 바쁘고 복잡한 시간에 방문해요.
- 허락 없이 사진을 촬영해요.
- 방문한 이유를 말씀드려요.

3 다음 정리한 내용을 보고 예성이가 인터뷰한 사람에 ✓표를 하세요.

- 알게 된 내용: 거리를 깨끗하게 청소해 주신다.
- 느낀 점: 덕분에 우리가 깨끗하게 지낼 수 있어 감사했다.

농부 / 환경미화원 ✓

1주 학습 • 19

1주 4일

개념 익히기
+정답 2쪽

1 우리 동네 사람들의 직업을 뉴스로 전할 때 가장 먼저 해야 할 일에 숫자 1을 쓰세요.

- 대본을 만들고 방송을 연습해요.
- 뉴스에서 어떤 역할을 할지 정해요.
- 직업 뉴스에 소개할 직업을 선택해요. 1

2 다음 뉴스에서 소개하고 있는 직업에 ○표를 하세요.

안녕하세요? 어떤 일을 하시나요?
기자 나와 주세요.
저는 우편물을 배달하는 일을 합니다.

꽃집 주인 / 소방관 / 미용사 / 우편집배원 / 간호사

3 우리 동네 사람들의 직업을 무리 지어 붙임딱지에서 찾아 붙이세요.

맛있는 것을 만드는 직업 / 밤에도 일을 하는 직업

1주 학습 • 23

개념 익히기
+정답 2쪽

1 동네에서 볼 수 있는 어떤 직업에 대한 설명인지, 기호에 해당하는 글자를 찾아 쓰세요.

♠ ◈ ▼ 는 머리를 예쁘게 자르거나 다듬어 주는 일을 해요.

♣	♥	♠	▼	★	◉	◆	◈
소	경	미	사	방	찰	관	용

(미용사)

2 다음 동네 그림의 해당 장소에 동네 사람들이 일하는 모습 붙임딱지를 붙여 보세요.

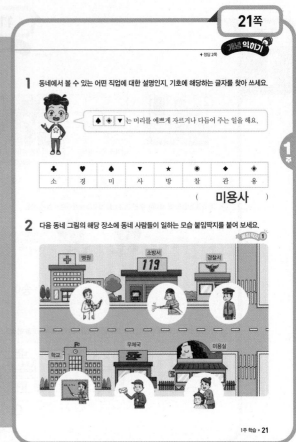

1주 학습 • 21

개념 익히기
+정답 2쪽

1 '감사합니다' 놀이에서 주사위를 던져 🎲가 나왔을 때 해야 할 말에 ○표를 하세요.

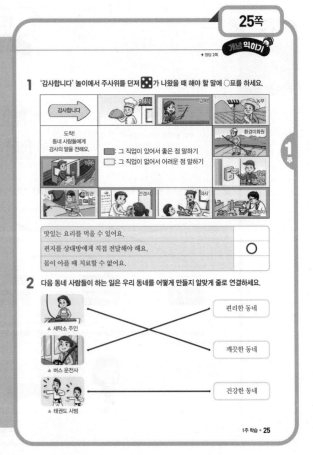

감사합니다
도착! 동네 사람들에게 감사의 말을 전해요.
■ : 그 직업이 있어서 좋은 점 말하기
□ : 그 직업이 없어서 어려운 점 말하기

맛있는 요리를 먹을 수 있어요.	
편지를 상대방에게 직접 전달해야 해요.	○
몸이 아플 때 치료할 수 없어요.	

2 다음 동네 사람들이 하는 일은 우리 동네를 어떻게 만들지 알맞게 줄로 연결하세요.

▲ 세탁소 주인 — 깨끗한 동네
▲ 버스 운전사 — 편리한 동네
▲ 태권도 사범 — 건강한 동네

1주 학습 • 25

27쪽

개념 익히기

+ 정답 3쪽

1 '직업 놀이'를 할 때 의사와 관련된 도구나 물건에 모두 ○표를 하여 빙고를 완성하세요.

청진기	안전모	거품기
팔레트	흰 가운	빗자루
축구공	재봉틀	주사기

2 다음 '직업 놀이' 모습에서 요리사는 누구인지 골라 번호를 쓰세요.

(**6**)

3 '직업 놀이'를 할 때 다음과 같은 도구나 물건과 어울리는 간판에 ○표를 하세요.

가위, 빗 / 손님용 가운 / 튼튼한 치과 / 아름다운 미용실 ○

1주 학습 • 27

29쪽

개념 익히기

+ 정답 3쪽

1 다음 '목도소리' 노래의 색칠된 ███ 부분에 공통으로 들어갈 노랫말을 쓰세요.

목도소리

산청 지방 목도소리

발	을

맞	추	고

여	아	어	우	차	라

(**어여차**)

2 일을 하면서 '목도소리' 노래를 부른 까닭을 바르게 말한 어린이에 ○표를 하세요.

노래를 하면 더 힘들게 일할 수 있기 때문이에요.

서로 맞춰서 일을 해야 하기 때문이에요. ○

3 다음 일하는 모습과 몸동작으로 표현한 모습을 알맞게 줄로 연결하세요.

나무를 어깨에 메고 나르는 모습

나무에 톱질을 하는 모습

1주 학습 • 29

1주 누구나 100점 TEST

30~31쪽

+ 정답 3쪽

1 오른쪽과 같이 동네의 모습을 그림으로 나타낼 때의 알맞은 방법에 ○표를 하세요.

(1) 먼저 학교를 중심으로 길을 그려요. (○)

(2) 동네의 산이나 건물은 표현하지 않아요. ( )

2 오른쪽 '우리 동네 한 바퀴' 노래의 □ 안에 들어갈 수 없는 장소는 어디인가요? (②)

① 학교
② 병원
③ 우체국
④ 미용실
⑤ 경찰서

뽀글뽀글 머리 하는 □
심부름 하러 가는 슈퍼
달콤한 냄새 가득 빵집
이 골목엔 뭐가 있을까
기쁜 소식 전해 주는 □
우리 동네 지켜 주는 □
내가 가는 즐거운 □
우리 동네 사람들 만나요

3 다음 중 동네 사람들이 하는 일을 바르게 조사한 어린이를 쓰세요.

일을 하면서 보람된 점은 무엇인가요? 민우

왜 경찰관이 되지 않으셨어요? 지호

(**민우**)

4 다음 중 불을 끄고 위험에 빠진 사람을 도와주는 직업을 골라 ○표를 하세요.

▲ 해녀 ( ) ▲ 교사 ( ) ▲ 소방관 (○) ▲ 농부 ( ) ▲ 꽃집 주인 ( )

5 직업 놀이에서 오른쪽과 같은 준비물로 체험할 직업은 무엇인가요? (④)

① 농부
② 미용사
③ 간호사
④ 요리사
⑤ 치과 의사

필요한 도구나 물건

식당 간판 / 플라스틱 칼 / 우산 / 젓가락 / 재료용 찰흙 / 종이 메뉴판 / 접시 / 위생 모자

6 다음은 '목도소리' 노래에 대한 설명이에요. □ 안에 들어갈 알맞은 말을 쓰세요.

'목도소리'는 무거운 짐을 나를 때 서로 맞춰서 일을 하기 위해 □을 맞추면서 부르는 노래입니다.

(**발**)

1주
창의
융합
코딩

지도를 보면 산, 강, 길, 건물의 위치나 거리를 한눈에 알아볼 수 있어요.

김정호에 대해 더 이야기해 줄까? 네, 궁금해요!

김정호는 어릴 때 지도를 처음 보고 너무 신기했대. 종이 한 장에 마을의 모습이 다 담겨 있었거든.

우아~

🔍 **지도에 대해 알아봐요!**

지도는 우리가 사는 땅의 모습을 알기 쉽게 그림으로 나타낸 것이에요. 넓은 세상을 종이 위에서 한눈에 볼 수 있으니 매우 편리한 그림이지요. 우리는 지도를 통해 우리 동네의 자연환경이나 길, 건물 등이 어떤 모양으로 생겼는지, 어떤 위치에 있는지를 쉽게 알 수 있답니다.

퀴즈 팡! **지도** 를 이용하면 우리 동네의 자연환경뿐만 아니라 길이나 건물의 위치와 모양을 한눈에 알아볼 수 있어요.

코딩

1 다음 코딩 명령을 따라가서 우편집배원이 편지를 어디에 있는 누구에게 전달하였을지 쓰세요.

코딩 명령

무지개역에서 이동을 시작했을 때
➡ 방향으로 2칸 이동하기
⬇ 방향으로 1칸 이동하기
➡ 방향으로 1칸 이동하기

오른쪽 방향으로 2칸 이동한 다음, 아래 방향으로 1칸 이동하고, 오른쪽 방향으로 1칸 이동해요.

우편집배원은 | 경 | 찰 | 서 |에 있는| 경 | 찰 | 관 |에게 편지를 전달하였어요.

융합

2 다섯 고개 놀이로 우리 동네에서 일하는 사람의 직업을 찾아 ○표를 하세요.

고개	질문	대답
하나	맛있는 것을 만드나요?	아니요, 요리는 하지 않아요.
둘	밤에도 일하나요?	예, 낮에도 일하지만 밤에도 일해요.
셋	거리에서 일하나요?	예, 건물 안에서도 일하고 거리에서 일하기도 해요.
넷	거리를 청소하는 일을 하나요?	아니요, 거리 청소는 하지 않아요.
다섯	나쁜 사람으로부터 동네 사람들을 지켜 주나요?	예, 그렇습니다.

설명하는 직업은 □인가요? | 예, 맞아요.

소방관	제빵사	경찰관	의사
( )	( )	(○)	( )

창의

3 좋은 동네를 만들어 가는 동네 사람들에 대한 십자말풀이를 완성해 보세요.

세	경		우		
탁	찰		편		
소	방	관		꽃	집	주	인
주					배
인		환	경	미	화	원
				용	
		요	리	사	

가로 열쇠

❶ |소|방|관|이 없으면 불이 났을 때 불을 끄기 어려워요.

❷ |꽃|집| 주인은 꽃과 씨앗을 팔아요.

❸ |환|경|미|화|원|은 거리를 깨끗하게 청소해요.

❹ |요|리|사|가 없으면 맛있는 요리를 먹을 수 없어요.

세로 열쇠

① |세|탁|소| 주인은 빨랫감을 깨끗하게 빨고 다림질을 해 줘요.

② |경|찰|관|은 나쁜 사람으로부터 우리를 지켜줘요.

③ |우|편|집|배|원|이 없으면 편지를 상대방에게 직접 전달해야 해요.

④ |미|용|사|가 없으면 머리를 예쁘게 자르거나 다듬을 수 없어요.

창의

4 아래쪽에 주어진 직업 놀이 도구나 물건이 미용실 곳곳에 숨어 있어요. 미용실에 숨어 있는 직업 놀이에 필요한 도구나 물건을 다섯 가지 골라 ○표를 하세요.

직업 놀이 도구나 물건

+ 정답 5쪽

1 태훈이가 동네를 위해 실천할 수 있는 일을 골라 ✓표를 하세요.

복도에서 뛰어다녀서 다치는 친구들이 생겨. 친구들이 안전하게 다닐 수 있었으면 해.

태훈

동네 일손을 도와요.

✓ 질서 지킴이 활동을 해요.

경로당에서 공연을 해요.

2 쓰레기 줍기 활동에 필요한 준비물을 붙임딱지에서 찾아 붙이세요. 붙임딱지②

3 쓰레기 줍기 활동을 하고 난 뒤 해야 할 일이에요. □안의 낱말을 따라 쓰세요.

쓰레기봉투를 학교로 가져와서 **분 리 배 출**을 합니다.

+ 정답 5쪽

1 동네 사람에게 감사 편지를 쓰는 순서에 맞게 번호를 쓰세요.

2 경험했던 일을 떠올리며 편지를 써요.

3 받는 사람에게 감사 편지를 전달해요.

1 감사 편지를 누구에게 쓸지 정해요.

2 다음 감사 편지와 편지를 받는 사람을 알맞게 줄로 연결하세요.

몸에도 좋고 맛도 좋은 빵을 만들어 주셔서 고맙습니다.

위험한 순간에도 용감하게 불을 꺼 주셔서 고맙습니다.

3 오른쪽 감사 편지의 □ 안에 들어갈 알맞은 직업을 쓰세요.

초성 힌트: ㅎ ㄱ ㅁ ㅎ ㅇ

(환경미화원)

+ 정답 5쪽

1 '장사꾼 노래'에 나오는 장수가 등에 지고 가는 물건을 알맞게 줄로 이으세요.

독장수   사발 장수   접시 장수

접시   독   사발

2 다음 중 '배달 놀이' 하는 방법을 바르게 말한 어린이에 ○표를 하세요.

배달할 물건을 배달 장소 바구니에 넣고 돌아와요.

○

배달 장소 바구니에 들어 있는 물건을 가지고 돌아와요.

3 '배달 놀이'에서 배달 장소 바구니를 보고 배달할 물건 붙임딱지를 알맞게 붙이세요. 붙임딱지②

학교   음식점   병원

+ 정답 5쪽

1 동네 소식지를 만들 때 제목과 내용을 정한 뒤 더 먼저 해야 할 일에 ✓표를 하세요.

재료를 준비하여 소식지를 만들어요.

✓ 만들고 싶은 소식지 모양을 정해요.

2 다음 중 민구가 만든 소식지를 골라 ○표를 하세요.

꽃 모양으로 색지를 오려서 소식지를 꾸미기를 할인으로 고정했어.

○

3 다음과 같이 종이를 접거나 잘라서 만들 수 있는 소식지의 모양을 알맞게 줄로 이으세요.

▲ 정사각형 종이를 네모, 세모로 교차해서 접어요.

▲ 정사각형 종이의 가운데 부분을 반만 잘라요.

정답

2주
3일

개념 익히기
+ 정답 6쪽

1 살고 싶은 우리 동네를 만들 때 다음 건물들을 만들기 위해 공통으로 필요한 준비물에 ○표를 하세요.

▲ 병원 ▲ 장난감 가게 ▲ 영화관

수수깡 [ ] 이쑤시개 [ ] 빈 상자 [○]

2 살고 싶은 우리 동네를 만들기 위해 표시한 부분에 알맞은 붙임딱지를 붙이세요.

이곳에 수영을 배울 수 있는 곳이 생겼으면 좋겠어요.

2주 학습 • 51

개념 익히기
+ 정답 6쪽

1 다음 우리 동네 동화책의 ▢에 들어갈 동네 사람에 ○표를 하세요.

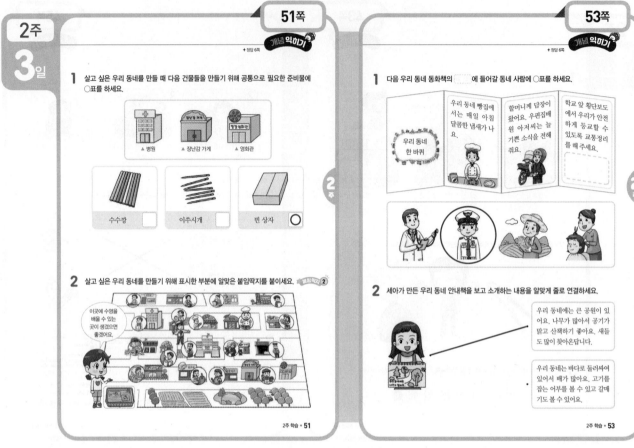

우리 동네 한 바퀴

우리 동네 빵집에서는 매일 아침 달콤한 냄새가 나요.

할머니께 답장이 왔어요. 우편집배원 아저씨는 늘 기쁜 소식을 전해 줘요.

학교 앞 횡단보도에서 우리가 안전하게 등교할 수 있도록 교통정리를 해 주세요.

2 세아가 만든 우리 동네 안내책을 보고 소개하는 내용을 알맞게 줄로 연결하세요.

우리 동네에는 큰 공원이 있어요. 나무가 많아서 공기가 맑고 산책하기 좋아요. 새들도 많이 찾아온답니다.

우리 동네는 바다로 둘러싸여 있어서 배가 많아요. 고기를 잡는 어부를 볼 수 있고 갈매기도 볼 수 있어요.

2주 학습 • 53

2주
4일

개념 익히기
+ 정답 6쪽

1 다음은 어떤 계절의 모습인지 알맞은 낱말에 색칠하세요.

겨	초	무	노
울	구	사	나
여	름	가	을
나	기	봄	다

2 다음은 어떤 소리를 나타낸 것인지 알맞게 선을 그리세요.

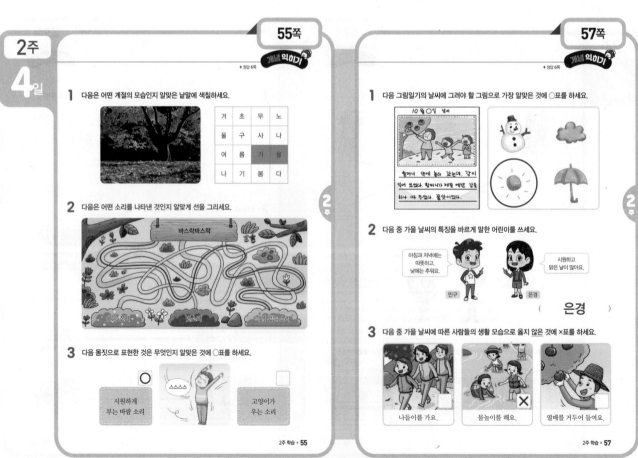

바스락바스락

3 다음 몸짓으로 표현한 것은 무엇인지 알맞은 것에 ○표를 하세요.

[○] 시원하게 부는 바람 소리

[ ] 고양이가 우는 소리

2주 학습 • 55

개념 익히기
+ 정답 6쪽

1 다음 그림일기의 날씨에 그려야 할 그림으로 가장 알맞은 것에 ○표를 하세요.

10월 ○일 날씨

2 다음 중 가을 날씨의 특징을 바르게 말한 어린이를 쓰세요.

아침과 저녁에는 따뜻하고, 낮에는 추워요. 민구

시원하고 맑은 날이 많아요. 은경

(은경)

3 다음 중 가을 날씨에 따른 사람들의 생활 모습으로 옳지 않은 것에 ×표를 하세요.

나들이를 가요. 물놀이를 해요. [×] 열매를 거두어 들여요.

2주 학습 • 57

2주 5일

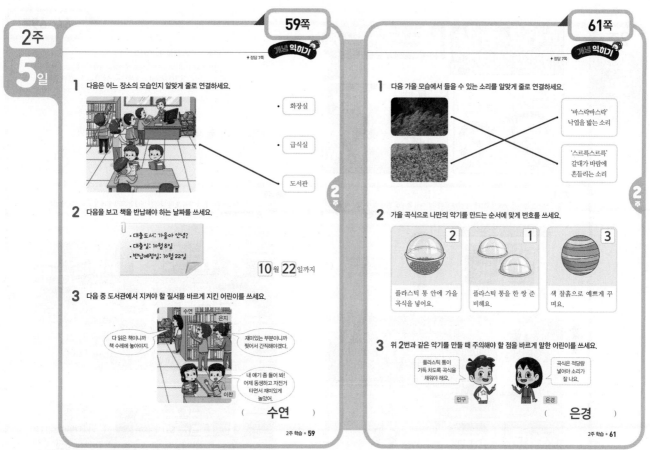

59쪽 개념 익히기

◆ 정답 7쪽

1 다음은 어느 장소의 모습인지 알맞게 줄로 연결하세요.

· 화장실
· 급식실
· 도서관

2 다음을 보고 책을 반납해야 하는 날짜를 쓰세요.

· 대출도서: 가을아 안녕?
· 대출일: 10월 8일
· 반납예정일: 10월 22일

10 월 **22** 일까지

3 다음 중 도서관에서 지켜야 할 질서를 바르게 지킨 어린이를 쓰세요.

수연
은지
다 읽은 책이니까 책 수레에 놓아야지.
재미있는 부분이니까 찢어서 간직해야겠다.
내 얘기 좀 들어 봐! 어제 동생하고 자전거 타면서 재미있게 놀았어.
이찬

(**수연**)

2주 학습 · 59

61쪽 개념 익히기

◆ 정답 7쪽

1 다음 가을 모습에서 들을 수 있는 소리를 알맞게 줄로 연결하세요.

'바스락바스락' 낙엽을 밟는 소리

'스르륵스르륵' 갈대가 바람에 흔들리는 소리

2 가을 곡식으로 나만의 악기를 만드는 순서에 맞게 번호를 쓰세요.

2 플라스틱 통 안에 가을 곡식을 넣어요.
1 플라스틱 통을 한 쌍 준비해요.
3 색 찰흙으로 예쁘게 꾸며요.

3 위 2번과 같은 악기를 만들 때 주의해야 할 점을 바르게 말한 어린이를 쓰세요.

플라스틱 통이 가득 차도록 곡식을 채워야 해요.
곡식은 적당량 넣어야 소리가 잘 나요.

민구
은경

(**은경**)

2주 학습 · 61

2주 누구나 100점 TEST

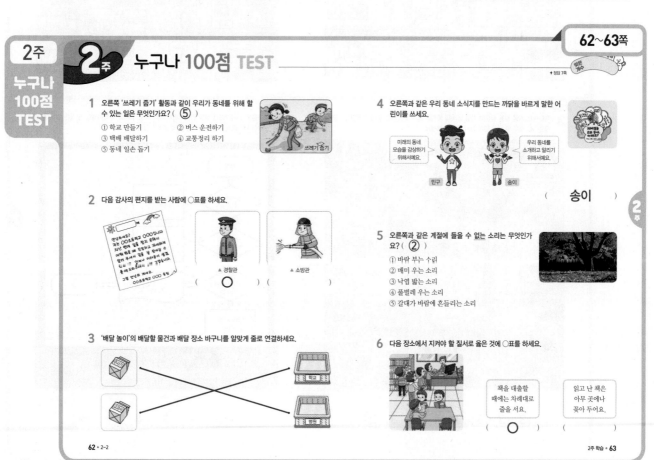

62~63쪽

◆ 정답 7쪽

1 오른쪽 '쓰레기 줍기' 활동과 같이 우리 동네를 위해 할 수 있는 일은 무엇인가요? (**⑤**)

① 학교 만들기
② 버스 운전하기
③ 택배 배달하기
④ 교통정리 하기
⑤ 동네 일손 돕기

쓰레기 줍기

2 다음 감사의 편지를 받는 사람에 ○표를 하세요.

▲ 경찰관
▲ 소방관
(○)
( )

3 '배달 놀이'의 배달할 물건과 배달 장소 바구니를 알맞게 줄로 연결하세요.

4 오른쪽과 같은 우리 동네 소식지를 만드는 까닭을 바르게 말한 어린이를 쓰세요.

미래의 동네 모습을 감상하기 위해서예요.
우리 동네를 소개하고 알리기 위해서예요.

민구
송이

(**송이**)

5 오른쪽과 같은 계절에 들을 수 없는 소리는 무엇인가요? (**②**)

① 바람 부는 소리
② 매미 우는 소리
③ 낙엽 밟는 소리
④ 풀벌레 우는 소리
⑤ 갈대가 바람에 흔들리는 소리

6 다음 장소에서 지켜야 할 질서로 옳은 것에 ○표를 하세요.

책을 대출할 때에는 차례대로 줄을 서요.
읽고 난 책은 아무 곳에나 꽂아 두어요.
(○)
( )

62 · 2-2

2주 학습 · 63

정답 · 7

2주

**창의
융합
코딩**

 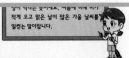

🔍 **가을 날씨에 대해 알아봐요!**

가을에는 하늘이 파랗고 높아요. 맑은 날씨가 계속되고 비의 양이 적어지며 곡식이 익어가고 열매가 영글어 가게 되지요. 시원한 날씨로 야외 활동을 하기에 더 없이 좋은 계절이기도 합니다. 낮에는 따뜻하지만 아침과 저녁은 쌀쌀하기도 하니 옷차림에 유의하여야 해요.

퀴즈짱! **가 을** 날씨는 맑고 시원하며 아침과 저녁에는 쌀쌀합니다.

1 지수는 동네 입구에서 출발하여 집에 도착하기까지 동네를 위해 할 수 있는 일을 모두 실천하려고 해요. ☐ 안에 알맞은 숫자를 넣어 코딩 명령을 완성하세요.

2 다음은 현재의 우리 동네 모습과 더 나아진 미래의 우리 동네 모습입니다. 달라진 부분을 세 군데 찾아 ○표 하세요.

3 재윤이는 가을 길을 걸으며 가을 날씨의 특징을 느껴 보았어요. 숲속 도서관에 도착한 재윤이는 모두 몇 점을 얻게 될지 계산해 보세요.

$$3 + 3 + 3 + 3 + 3 + 3 + 3 = 21$$

4 다음은 도서관에서 책을 빌리기까지 지켜야 할 질서와 규칙이에요. 알맞은 길을 찾아 화살표로 표시해 보고, ( ) 안의 알맞은 말에 ○표를 하세요.

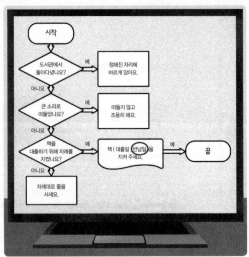

화살표 순서: ⬇ ⬇ ⬇ ➡ ➡

75쪽 개념 익히기
+ 정답 9쪽

1 다음과 같은 일을 하는 계절에 ○표를 하세요.

▲ 사과 따기   ▲ 벼 거두어들이기   ▲ 배추 뽑기

봄 / 여름 / (가을) / 겨울

2 설명에 맞게 번호를 색칠하면 어떤 열매가 나타나는지 쓰세요.

1번 → 짙은 갈색
2번 → 갈색
3번 → 노란색

도토리

3 다음 수수께끼의 정답에 ✓표를 하세요.

• 나는 갈색 옷을 입고 있고 딱딱해요.
• 나는 뾰족뾰족한 가시 안에 들어 있어요.
• 나는 누구일까요?

3주 학습 • 75

77쪽 개념 익히기
+ 정답 9쪽

1 '도토리 모으기 놀이' 순서에 맞게 숫자를 쓰세요.

4 │ 모든 도토리를 모으면 도토리 모으기 놀이가 끝나요.
1 │ 다람쥐를 한 명 정하고 나머지 친구는 모두 도토리가 되어요.
2 │ 다람쥐가 "도토리를 모으자!"라고 외친 후, 도토리를 모으러 달려가요.
3 │ 다람쥐의 손에 닿은 도토리도 다람쥐가 되어 다른 도토리를 모으러 가요.

2 다음 '도토리 모으기 놀이'에서 다람쥐(술래)인 어린이를 모두 골라 ○표를 하세요.

3주 학습 • 77

79쪽 개념 익히기
+ 정답 9쪽

1 다음 중 가을 열매를 관찰하는 방법을 바르게 말한 어린이의 이름을 쓰세요.

눈, 코, 입, 귀, 손 등을 이용해서 관찰해요. — 송이

모르는 열매는 먼저 맛을 보아요. — 태훈

(송이)

2 다음에서 설명하는 열매를 찾아 색칠하세요.

• 둥글넙적하고 주황색이에요.
• 만져 보면 매끈매끈해요.
• 익으면 쓰면서 단맛이 나요.

배 벼 사 과 감 도 토 리

3 다음 가을 열매의 겉모양을 보고 알맞은 속 모양 붙임딱지를 붙이세요.

겉모양	사과	배	감
속 모양			

3주 학습 • 79

81쪽 개념 익히기
+ 정답 9쪽

1 다음은 무엇에 대한 내용인지 □ 안에 글자를 완성하세요.

• 모양이 다양해요.
• 양쪽에 손잡이가 있어요.
• 물건을 담아 두거나 다른 곳으로 옮길 때 사용해요.

바 구 니

2 다음 중 종이컵과 종이접기로 만든 가을 열매 바구니에 ○표를 하세요.

3 찰흙으로 가을 열매 바구니를 만드는 순서에 알맞게 숫자를 쓰세요.

1 │ 원하는 모양의 밑판을 만들어요.
2 │ 손바닥으로 찰흙을 밀어 긴 줄을 만들어요.
3 │ 긴 줄을 층층이 올리고 손잡이를 붙여요.

3주 학습 • 81

3주

3일

✦ 정답 10쪽

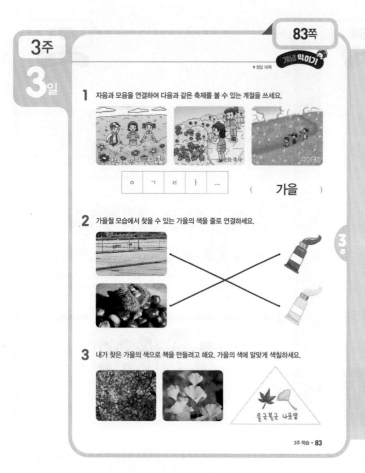

1 자음과 모음을 연결하여 다음과 같은 축제를 볼 수 있는 계절을 쓰세요.

ㅇ ㄱ ㄹ ㅡ   (**가을**)

2 가을철 모습에서 찾을 수 있는 가을의 색을 줄로 연결하세요.

3 내가 찾은 가을의 색으로 책을 만들려고 해요. 가을의 색에 알맞게 색칠하세요.

3주 학습 • 83

✦ 정답 10쪽

1 사람들이 많이 모이는 곳에서의 마음가짐을 바르게 말한 어린이를 쓰세요.

쓰레기를 함부로 버리지 않아야 해요. 은경

질서를 잘 지키고 나만 생각하는 마음을 가져야 해요. 민구

(**은경**)

2 공중화장실에서 줄을 설 때 질서를 지킨 모습을 붙임딱지를 붙여 완성하세요.

3 학습 발표회장에서 질서를 바르게 지키는 모습에 ○표를 하세요.

3주 학습 • 85

3주

4일

✦ 정답 10쪽

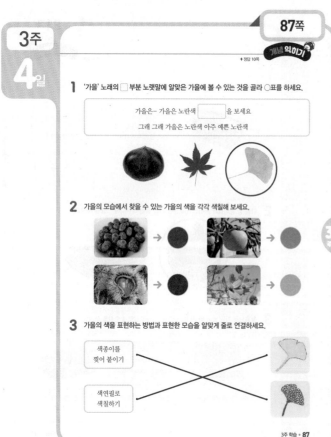

1 '가을' 노래의 □부분 노랫말에 알맞은 가을에 볼 수 있는 것을 골라 ○표를 하세요.

가을은– 가을은 노란색 □을 보세요
그래 그래 가을은 노란색 아주 예쁜 노란색

2 가을의 모습에서 찾을 수 있는 가을의 색을 각각 색칠해 보세요.

3 가을의 색을 표현하는 방법과 표현한 모습을 알맞게 줄로 연결하세요.

색종이를 찢어 붙이기

색연필로 색칠하기

3주 학습 • 87

✦ 정답 10쪽

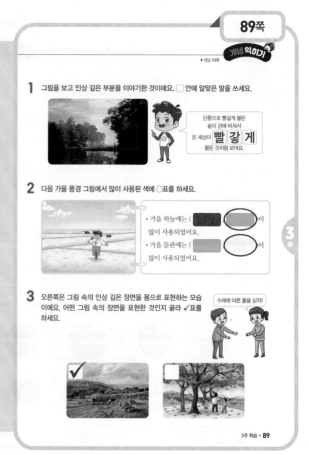

1 그림을 보고 인상 깊은 부분을 이야기한 것이에요. □ 안에 알맞은 말을 쓰세요.

단풍으로 빨갛게 물든 숲이 강에 비쳐서 온 세상이 **빨갛게** 물든 것처럼 보여요.

2 다음 가을 풍경 그림에서 많이 사용된 색에 ○표를 하세요.

• 가을 하늘에는 ( )이 많이 사용되었어요.
• 가을 들판에는 ( )이 많이 사용되었어요.

3 오른쪽은 그림 속의 인상 깊은 장면을 몸으로 표현하는 모습이에요. 어떤 그림 속의 장면을 표현한 것인지 골라 ✓표를 하세요.

수레에 마른 풀을 실자!

3주 학습 • 89

개념 익히기

+ 정답 11쪽

1 낙엽을 관찰하기 위해 낙엽을 바르게 모은 어린이를 쓰세요.

태훈: 나무를 흔들어 낙엽을 떨어뜨려서 모았어요.

은경: 떨어져 있는 낙엽만 주워서 모았어요.

(은경)

2 낙엽을 어떤 특징에 따라 무리 지은 것인지 알맞은 말에 ○표를 하세요.

(색깔 , 모양 , 크기)에 따라 무리 짓기

3 친구의 머리에 두른 종이띠에 낙엽 붙임딱지를 붙여 왕관을 꾸며 보세요. 붙임딱지 ④

개념 익히기

+ 정답 11쪽

1 사람이 많이 모이는 곳에서 바르게 행동한 모습에 ○표를 하세요.

학습 발표회장에서 옆 친구와 큰 소리로 이야기하고 돌아다녔어요. □

전시회장에서 작품을 만지지 않고, 줄을 서서 조용히 보았어요. ○

2 우리만의 질서 사전을 만드는 순서에 맞게 번호를 쓰세요.

3 우리만의 질서 사전을 발표하고 전시해요.

2 모둠 친구들의 카드를 모아 책으로 만들어요.

1 질서에 대한 자기 생각을 써요.

3 다음 □ 안에 알맞은 말을 쓰세요.

우리 모두 사람들이 많이 모이는 곳에서 질서 를 잘 지켜요.

3주 누구나 100점 TEST

+ 정답 11쪽

1 다음과 같은 일을 하는 계절은 언제인지 쓰세요.

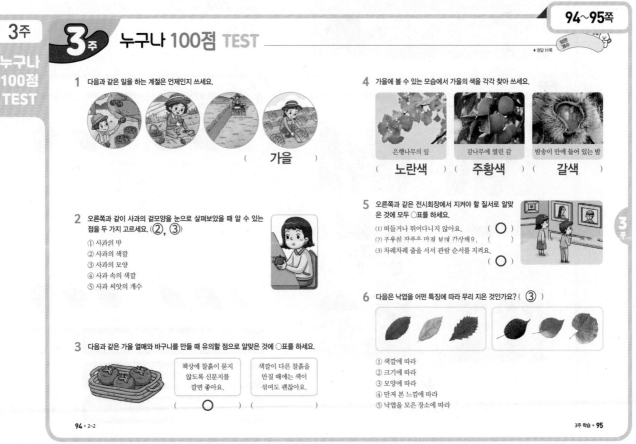

(가을)

2 오른쪽과 같이 사과의 겉모양을 눈으로 살펴보았을 때 알 수 있는 점을 두 가지 고르세요. (② , ③)

① 사과의 맛
② 사과의 색깔
③ 사과의 모양
④ 사과 속의 색깔
⑤ 사과 씨앗의 개수

3 다음과 같은 가을 열매로 바구니를 만들 때 유의할 점으로 알맞은 것에 ○표를 하세요.

책상에 찰흙이 묻지 않도록 신문지를 깔면 좋아요.

색깔이 다른 찰흙을 만질 때에는 색이 섞여도 괜찮아요.

(○) ( )

4 가을에 볼 수 있는 모습에서 가을의 색을 각각 찾아 쓰세요.

은행나무의 잎 (노란색)
감나무에 열린 감 (주황색)
밤송이 안에 들어 있는 밤 (갈색)

5 오른쪽과 같은 전시회장에서 지켜야 할 질서로 알맞은 것에 모두 ○표를 하세요.

(1) 떠들거나 뛰어다니지 않아요. (○)
(2) 조용히 작품을 가며 보며 감상해요. ( )
(3) 차례차례 줄을 서서 관람 순서를 지켜요. (○)

6 다음은 낙엽을 어떤 특징에 따라 무리 지은 것인가요? (③)

① 색깔에 따라
② 크기에 따라
③ 모양에 따라
④ 만져 본 느낌에 따라
⑤ 낙엽을 모은 장소에 따라

3주

창의
융합
코딩

🔍 추분에 대해 알아봐요!

추분은 24절기의 하나로, 낮과 밤의 길이가 같아지는 날이에요. 추분이 지나면 낮보다 밤의 길이가 길어지기 시작하지요. 추분 무렵은 따뜻한 가을볕과 시원한 바람을 맞으며 잘 익은 논밭의 곡식을 거두어들이는 중요한 시기이기도 합니다.

퀴즈
핑! 낮과 밤의 길이가 같아지는 절기로, 논밭의 곡식을 거두어들이는 시기는?

답 추 분

🎨 창의

1 농부가 시골길을 지나며 가을에 해야 할 일들을 모두 끝내야 해요. 농부가 마지막에 만나게 되는 동물에 ◯표를 하세요.

🔬 융합

2 다음은 가을에 볼 수 있는 여러 가지 열매예요. 가을 열매를 색깔에 따라 분류하고 그 수를 세어 보세요.

구분	빨간색	노란색 (누런색)	갈색	주황색
세면서 표시하기	𝈸𝈸 𝈸𝈸	𝈸𝈸 𝈸𝈸	𝈸𝈸 𝈸𝈸	𝈸𝈸 𝈸𝈸
열매의 수 (개)	4	5	2	1

🎨 창의

3 다음 왼쪽 그림을 보고 바르게 행동하는 모습을 붙임딱지로 붙이고, 사람이 많이 모이는 곳에서 지켜야 할 것을 ☐ 안에 써 보세요. 붙임딱지 **4**

↓

사람들이 많이 모이는 곳에서는 질 서 를 잘 지켜요.

💻 코딩

4 다음 여러 가지 낙엽을 코딩에 따라 두 무리로 나누었습니다. ☐ 안에 들어갈 알맞은 말에 ◯표를 하세요.

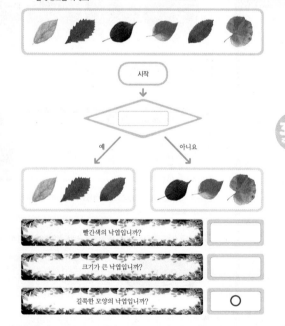

빨간색의 낙엽입니까?

크기가 큰 낙엽입니까?

길쭉한 모양의 낙엽입니까? ◯

마무리 학습

신경향
신유형
서술형

마무리 학습
신경향·신유형·서술형 ①

+ 정답 13쪽

1 민율이는 엄마 심부름으로 우표를 사고, 우유를 산 뒤 집으로 돌아왔습니다. 민율이가 다녀온 곳에 모두 ○표를 하고, 우푯값과 우윳값이 각각 얼마인지 계산하여 쓰세요.

2 사다리타기를 하여 직업에 필요한 도구나 물건을 붙임딱지로 붙이세요.

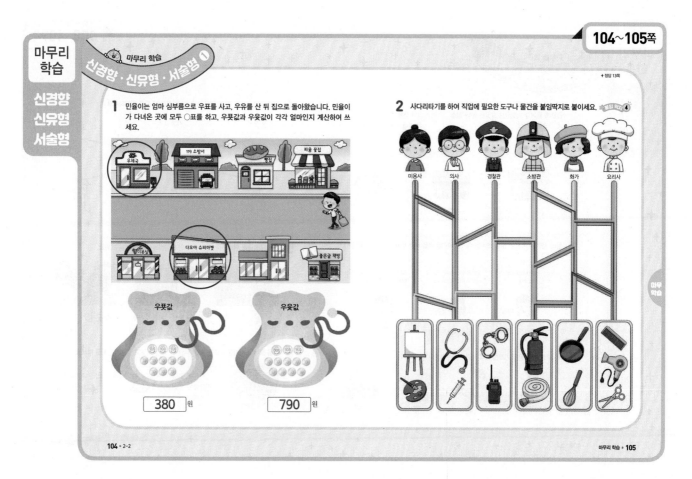

우푯값 **380** 원

우윳값 **790** 원

마무리 학습

신경향
신유형
서술형

마무리 학습
신경향·신유형·서술형 ①

3 다음 화살표 카드에 따라 순서대로 한 칸씩 이동하면 가을 날씨의 특징을 알 수 있어요. 화살표 카드의 빈 곳에 알맞은 화살표를 그려 보세요.

4 다음 그림일기에 나타난 감의 겉모양의 특징을 따라 써 보고, 빈칸에 감의 속 모양의 특징을 써서 일기를 완성하세요.

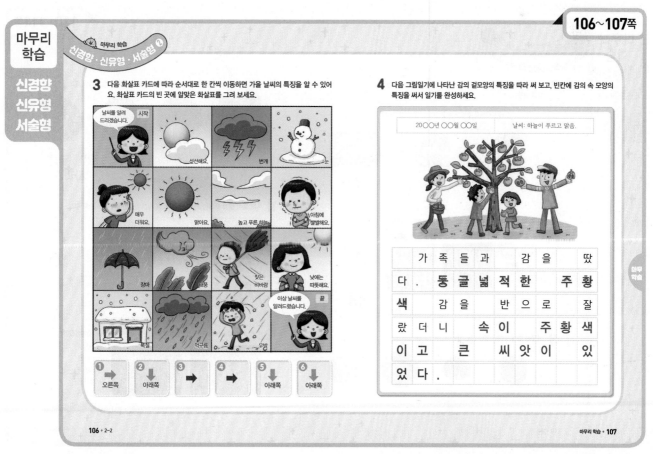

20○○년 ○○월 ○○일	날씨: 하늘이 푸르고 맑음.

	가	족	들	과		감	을		땄
다	.	동	글	넓	적	한		주	황
색		감	을		반	으	로		잘
랐	더	니		속	이		주	황	색
이	고		큰		씨	앗	이		있
었	다	.							

정답

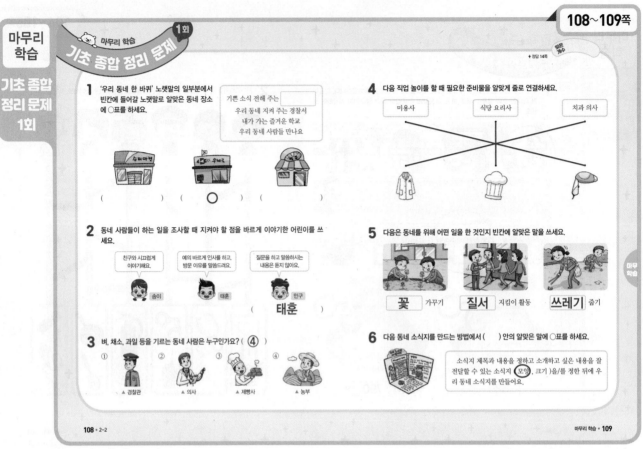

마무리 학습

기초 종합 정리 문제 1회

마무리 학습

기초 종합 정리 문제 1회

1 '우리 동네 한 바퀴' 노랫말의 일부분에서 빈칸에 들어갈 노랫말로 알맞은 동네 장소에 ○표를 하세요.

기쁜 소식 전해 주는 [ ]
우리 동네 지켜 주는 경찰서
내가 가는 즐거운 학교
우리 동네 사람들 만나요

( ) (○) ( )

2 동네 사람들이 하는 일을 조사할 때 지켜야 할 점을 바르게 이야기한 어린이를 쓰세요.

친구와 시끄럽게 이야기해요.

예의 바르게 인사를 하고, 방문 이유를 말씀드려요.

질문을 하고 말씀하시는 내용은 듣지 않아요.

(태훈)

3 벼, 채소, 과일 등을 기르는 동네 사람은 누구인가요? (④)
① 경찰관 ② 의사 ③ 제빵사 ④ 농부

4 다음 직업 놀이를 할 때 필요한 준비물을 알맞게 줄로 연결하세요.

미용사   식당 요리사   치과 의사

5 다음은 동네를 위해 어떤 일을 한 것인지 빈칸에 알맞은 말을 쓰세요.

꽃 가꾸기   질서 지킴이 활동   쓰레기 줍기

6 다음 동네 소식지를 만드는 방법에서 ( ) 안의 알맞은 말에 ○표를 하세요.

소식지 제목과 내용을 정하고 소개하고 싶은 내용을 잘 전달할 수 있는 소식지 (모양 , 크기)을/를 정한 뒤에 우리 동네 소식지를 만들어요.

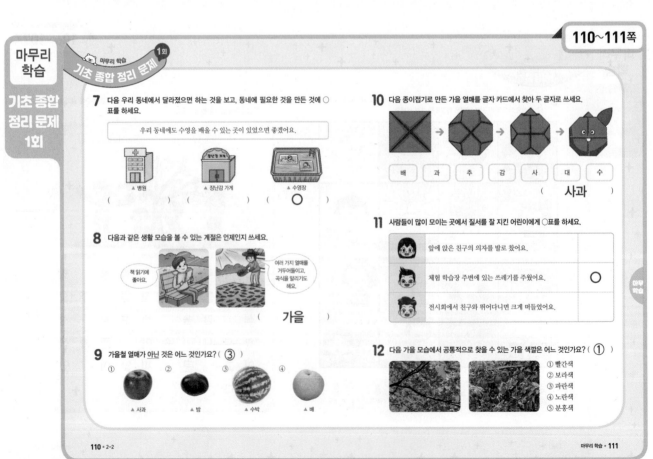

마무리 학습

기초 종합 정리 문제 1회

7 다음 우리 동네에서 달라졌으면 하는 것을 보고, 동네에 필요한 것을 만든 것에 ○표를 하세요.

우리 동네에도 수영을 배울 수 있는 곳이 있었으면 좋겠어요.

병원   장난감 가게   수영장
( )   ( )   (○)

8 다음과 같은 생활 모습을 볼 수 있는 계절은 언제인지 쓰세요.

책 읽기에 좋아요.

여러 가지 열매를 거두어들이고, 곡식을 말리기도 해요.

(가을)

9 가을철 열매가 아닌 것은 어느 것인가요? (③)
① 사과 ② 밤 ③ 수박 ④ 배

10 다음 종이접기로 만든 가을 열매를 글자 카드에서 찾아 두 글자로 쓰세요.

배 과 추 감 사 대 수

(사과)

11 사람들이 많이 모이는 곳에서 질서를 잘 지킨 어린이에게 ○표를 하세요.

	앞에 앉은 친구의 의자를 발로 찼어요.	
	체험 학습장 주변에 있는 쓰레기를 주웠어요.	○
	전시회에서 친구와 뛰어다니며 크게 떠들었어요.	

12 다음 가을 모습에서 공통적으로 찾을 수 있는 가을 색깔은 어느 것인가요? (①)

① 빨간색
② 보라색
③ 파란색
④ 노란색
⑤ 분홍색

마무리 학습

기초 종합 정리 문제 2회

마무리 학습 2회

기초 종합 정리 문제

1 동네 그림을 보고, 빈칸에 들어갈 알맞은 말을 쓰세요.

□ 을/를 중심으로 길을 그린 뒤에 조사한 자료를 붙여서 동네 모습을 그림으로 나타냈어요.

(**학교**)

2 밤에도 동네 사람들의 안전을 위해 일을 하는 사람은 누구인가요? (③)

① ② ③ ④

3 다음 동네 사람들은 어떤 동네를 만들기 위해 일하는지 쓰세요.

사람이 아플 때 치료해 줘요.

벼, 채소, 과일 등을 길러요.

(**건강한 동네**)

4 '목도소리' 노래를 부르며 나무를 어깨에 메고 나르는 동작을 표현한 모습에 ○표를 하세요.

( ) (○)

5 다음 감사 편지를 받을 동네 사람은 누구인가요? (①)

안녕하세요?
저는 △△ 초등학교에 다니는 ○○○입니다.
학교 옆 횡단보도에서 안전하게 길을 건널 수 있도록 도와주셔서 감사합니다. 언제나 안전하게 지낼 수 있도록 지켜 주세요.
그럼 안녕히 계세요.
△△초등학교 ○○○ 올림

① 경찰관
② 안경사
③ 미용사
④ 환경미화원
⑤ 우편집배원

6 배달 놀이를 할 때 다음 물건을 배달해야 할 장소를 찾아 쓰세요.

방송국, 미용실, 병원, 학교, 은행, 음식점

(**병원**)　(**학교**)　(**음식점**)

112 · 2-2　　마무리 학습 · 113

마무리 학습

기초 종합 정리 문제 2회

마무리 학습 2회

기초 종합 정리 문제

7 가을철 시원하고 맑은 날 사람들의 생활 모습으로 알맞지 <u>않은</u> 것을 골라 기호를 쓰세요.

㉠ ㉡ ㉢

(**㉡**)

8 도서관에서 지켜야 할 질서를 바르게 이야기한 어린이를 쓰세요.

책을 빌릴 때에는 차례대로 줄을 서요.
은경

읽고 난 책은 아무 곳에 놓아요.
민구

친구와 이야기할 때는 크게 말해요.
송이

(**은경**)

9 가을철에 사람이 하는 일을 보고 관련 있는 가을철 열매를 글자 카드에서 찾아 두 글자로 쓰세요.

고	은	벼	추
도	배	구	리
호	마	행	토

(**배추**)

10 다음 어린이들이 관찰하는 가을 열매는 무엇인지 쓰세요.

둥글고 빨간색이야.

맛이 새콤달콤해.

상큼한 향이 나.

단단하고 매끄러워.

속이 하얗고 갈색의 작은 씨앗이 여러 개 있어.

(**사과**)

11 실새를 찾을 수 있는 가을 풍경은 어느 것인가요? (②)

① ② ③ ④

12 다음은 여러 가지 낙엽을 모양에 따라 무리 지은 모습이에요. ( ) 안의 알맞은 말에 ○표를 하세요.

(⟨둥근⟩ 길쭉한) 낙엽　　(둥근 ⟨길쭉한⟩) 낙엽

114 · 2-2　　마무리 학습 · 115

정답 ~ **15**

정답

마무리 학습

학력 진단 TEST 1회

마무리 학습
학력 진단 TEST 1회

+ 정답 16쪽

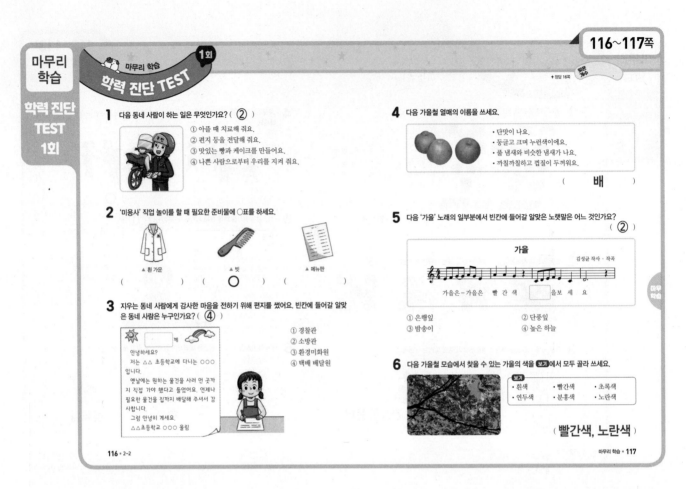

1 다음 동네 사람이 하는 일은 무엇인가요? (②)
① 아플 때 치료해 줘요.
② 편지 등을 전달해 줘요.
③ 맛있는 빵과 케이크를 만들어요.
④ 나쁜 사람으로부터 우리를 지켜 줘요.

2 '미용사' 직업 놀이를 할 때 필요한 준비물에 ○표를 하세요.
▲ 흰 가운
( )
▲ 빗
(○)
▲ 메뉴판
( )

3 지우는 동네 사람에게 감사한 마음을 전하기 위해 편지를 썼어요. 빈칸에 들어갈 알맞은 동네 사람은 누구인가요? (④)
안녕하세요?
저는 △△ 초등학교에 다니는 ○○○ 입니다.
옛날에는 원하는 물건을 사러 먼 곳까지 직접 가야 했다고 들었어요. 언제나 필요한 물건을 집까지 배달해 주셔서 감사합니다.
그럼 안녕히 계세요.
△△초등학교 ○○○ 올림
① 경찰관
② 소방관
③ 환경미화원
④ 택배 배달원

4 다음 가을철 열매의 이름을 쓰세요.
• 단맛이 나요.
• 둥글고 크며 누런색이에요.
• 풀 냄새와 비슷한 냄새가 나요.
• 까칠까칠하고 껍질이 두꺼워요.
(**배**)

5 다음 '가을' 노래의 일부분에서 빈칸에 들어갈 알맞은 노랫말은 어느 것인가요? (②)
가을
김성균 작사 · 작곡
가을은-가을은 빨간색 □을보세요
① 은행잎
② 단풍잎
③ 밤송이
④ 높은 하늘

6 다음 가을철 모습에서 찾을 수 있는 가을의 색을 보기에서 모두 골라 쓰세요.
보기
• 흰색   • 빨간색   • 초록색
• 연두색   • 분홍색   • 노란색
(**빨간색, 노란색**)

116 • 2-2
마무리 학습 • 117

마무리 학습

학력 진단 TEST 2회

마무리 학습
학력 진단 TEST 2회

+ 정답 16쪽

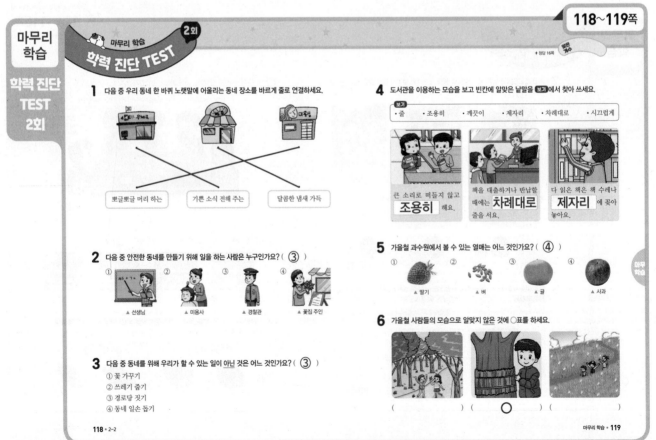

1 다음 중 우리 동네 한 바퀴 노랫말에 어울리는 동네 장소를 바르게 줄로 연결하세요.
뽀글뽀글 머리 하는   기쁜 소식 전해 주는   달콤한 냄새 가득

2 다음 중 안전한 동네를 만들기 위해 일을 하는 사람은 누구인가요? (③)
① ▲ 선생님
② ▲ 미용사
③ ▲ 경찰관
④ ▲ 꽃집 주인

3 다음 중 동네를 위해 우리가 할 수 있는 일이 아닌 것은 어느 것인가요? (③)
① 꽃 가꾸기
② 쓰레기 줍기
③ 경로당 짓기
④ 동네 일손 돕기

4 도서관을 이용하는 모습을 보고 빈칸에 알맞은 낱말을 보기에서 찾아 쓰세요.
보기
• 줄   • 조용히   • 깨끗이   • 제자리   • 차례대로   • 시끄럽게
큰 소리로 떠들지 않고 **조용히** 해요.
책을 대출하거나 반납할 때에는 **차례대로** 줄을 서요.
다 읽은 책은 책 수레나 **제자리**에 꽂아 놓아요.

5 가을철 과수원에서 볼 수 있는 열매는 어느 것인가요? (④)
① ▲ 딸기
② ▲ 벼
③ ▲ 귤
④ ▲ 사과

6 가을철 사람들의 모습으로 알맞지 않은 것에 ○표를 하세요.
( )   (○)   ( )

118 • 2-2
마무리 학습 • 119

---

16 • 2-2

활동 꾸러미

바른 생활
슬기로운 생활
즐거운 생활

2-2

차례

생생 자료실 ………………………… 1

어휘 카드 ………………………… 3

핵심 카드 ………………………… 15

놀이 활동지 ………………………… 27

- 직업 꾸미기

- 동네 모습 퍼즐 맞추기

- 낙엽 색칠하기

- 가을 리스 만들기

- 낙엽 책갈피 만들기

붙임딱지 ………………………… 37

스케줄표 붙임딱지 ………………………… 45

가을 열매

사과

감

밤

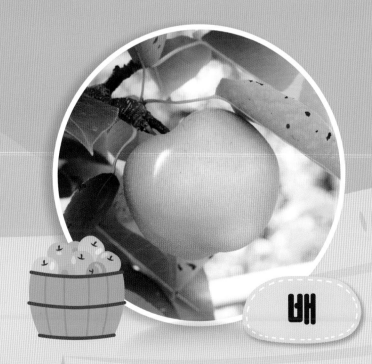
배

벼

대추

카드 위쪽의 구멍을 뚫고 묶어서 사용하세요.

동네

탐험

인터뷰

직업

의사　환경 미화원

우편집배원　소방관

탐험

探	險
찾을 **탐**	험할 **험**

위험을 참고 견디며 어떤 곳을 찾아가 서 살펴보고 조사하는 것이에요.
예 동굴을 **탐험**하기 위해 손전등을 켜 고 동굴 입구로 들어갔어요.

동네

사람들이 생활하는 여러 집이 모여 있 는 곳이에요.
예 새로 이사 온 **동네**에 놀이터가 어디 에 있는지 찾기 위해 엄마와 함께 **동네** 를 한 바퀴 돌았어요.

직업

職	業
벼슬 **직**	업 **업**

생활을 하기 위하여 자신의 적성과 능력 에 따라 일정한 기간 동안 계속하여 하 는 일이에요.
예 동네 사람들이 하는 일에는 경찰관, 소방관, 선생님 등 다양한 **직업**이 있어요.

인터뷰

필요한 정보를 얻기 위해 개인이나 여 럿이 모여 이룬 모임의 사람들을 만나 정보를 모으고 이야기를 나누는 일이에 요.
예 경기를 마치고 돌아가는 선수들을 **인터뷰**하기 위해 기자들이 모였어요.

카드 위쪽의 구멍을 뚫고 묶어서 사용하세요.

서점

미용실

약사

간판

미용실

美	容	室
아름다울 **미**	얼굴 **용**	방 **실**

파마, 커트, 화장 등을 하여 주로 머리와 얼굴을 아름답게 꾸며주는 곳이에요.

㉖ 길게 자란 머리카락을 **미용실**에 가서 짧게 잘랐어요.

서점

書	店
글 **서**	가게 **점**

책을 갖추어 놓고 팔거나 사는 가게예요.

㉖ 집에 오는 길에 **서점**에 들러 동화책을 한 권 샀어요.

간판

看	板
볼 **간**	널빤지 **판**

기관, 상점, 영업소 등에서 이름이나 판매 상품, 하는 일 등을 써서 사람들의 눈에 잘 뜨이게 걸거나 붙이는 표지예요.

㉖ 가게 주인이 새로 생긴 식당에 **간판**을 달고 있어요.

약사

藥	師
약 **약**	스승 **사**

나라로부터 면허를 받아 의사의 처방에 따라 약을 지어주는 등 약에 관한 일을 직업적으로 하는 사람이에요.

㉖ 모르는 약은 함부로 먹으면 안 되고, **약사**의 확인을 받아야 해요.

카드 위쪽의 구멍을 뚫고 묶어서 사용하세요.

독

사발

낙엽

풀벌레

사발

沙	鉢
모래 **사**	바리때 **발**

사기로 만든 국그릇이나 밥그릇이에요.
예 아침을 먹기 위해 **사발**에 음식을 담아 식탁에 놓았어요.

독

간장, 술, 김치 등을 담아 두는 데에 쓰는 큰 그릇으로, 흙으로 만들어 구운 그릇이에요.
예 간장, 된장 등을 담아 두는 **독**을 장독이라고 해요.

풀벌레

풀숲에서 사는 벌레예요.
예 숲속에서 가만히 귀를 기울이면 풀숲에서 들려오는 **풀벌레** 소리를 들을 수 있어요.

낙엽

落	葉
떨어질 **낙**	잎 **엽**

말라서 떨어진 나뭇잎이에요.
예 바람이 불자 **낙엽**이 우수수 떨어졌어요.

카드 위쪽의 구멍을 뚫고 묶어서 사용하세요.

독서

공기

국자

폐품

공기

空	氣
빌 **공**	공기 **기**

지구를 둘러싸고 있으며 색깔과 냄새가 없는 여러 가지 기체가 모여 있는 것으로, 우리가 숨을 쉴 수 있게 해 주는 것이에요.

예 산에서는 맑은 **공기**를 마실 수 있어요.

독서

讀	書
읽을 **독**	글 **서**

책을 읽는 것이에요.

예 **독서**를 많이 하면 새로운 것들을 많이 알게 돼요.

폐품

廢	品
부서질 **폐**	물건 **품**

못 쓰게 되어 버린 물건이에요.

예 음료수 캔이나 플라스틱 통과 같은 **폐품**은 재활용 쓰레기통에 넣어야 해요.

국자

국이나 액체 등을 뜨는 데 쓰는 기구예요.

예 아빠가 **국자**로 국물을 떠서 국그릇에 담아 주셨어요.

카드 위쪽의 구멍을 뚫고 묶어서 사용하세요.

과수원

도토리

관찰

단풍

점선을 따라 접어서 뜯어 쓰세요.

도토리

갈참나무, 졸참나무, 물참나무, 떡갈나무 등의 열매를 통틀어 이르는 말이에요.

예 가을이 되면 마을 뒷산에 **도토리**가 쌓일 정도로 많이 떨어집니다.

과수원

果	樹	園
열매 **과**	나무 **수**	동산 **원**

사과나무, 배나무 등의 과일나무를 심고 가꾸는 밭을 이르는 말이에요.

예 가을이 되면 **과수원**에 열매들이 주렁주렁 열립니다.

단풍

丹	楓
붉을 **단**	단풍 **풍**

기후 변화로 식물의 잎이 붉은빛이나 누런빛으로 변하는 현상이에요.

예 가을이 되자 산에 울긋불긋 **단풍**이 들었습니다.

관찰

觀	察
볼 **관**	살필 **찰**

물건이나 상태 등을 자세히 살펴보는 것을 이르는 말이에요.

예 눈, 코, 입, 귀, 손 등을 이용하여 가을 열매를 **관찰**하였습니다.

카드 위쪽의 구멍을 뚫고 묶어서 사용하세요.

축제

질서

추수

풍경

질서

秩	序
차례 **질**	차례 **서**

어떠한 일이 뒤죽박죽 되지 않고 말썽 없이 이루어지게 하는 것을 이르는 말이에요.

㉠ 사람이 많이 모이는 곳에서는 **질서**를 잘 지켜야 합니다.

축제

祝	祭
빌 **축**	제사 **제**

축하하여 벌이는 큰 규모의 행사를 이르는 말이에요.

㉠ 가을에는 빨갛고 노란 단풍이 아름다워서 **축제**가 많습니다.

풍경

風	景
모습 **풍**	경치 **경**

산이나 들, 강, 바다 등의 자연이나 지역의 모습을 이르는 말이에요.

㉠ 그림에 가을철 사람들의 생활 모습과 가을 **풍경**이 드러나 있습니다.

추수

秋	收
가을 **추**	거둘 **수**

가을에 익은 곡식을 거두어들이는 일이에요.

㉠ **추수**가 끝난 후에는 집집마다 마당에 곡식 더미가 가득했습니다.

○ 카드 위쪽의 구멍을 뚫고 묶어서 사용하세요.

1 동네 탐험하기

· 살펴볼 곳을 정한 뒤 ❶ ☐☐ 규칙을 정하고 동네를 탐험합니다.
· 살펴본 내용을 사진, ❷ ☐☐, 글 등으로 기록합니다.

2 동네 모습 그리기

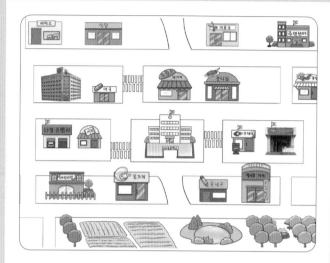

· 학교를 중심으로 길을 그립니다.
· 주요 ❶ ☐☐이나 장소를 그리고 ❷ ☐☐하여 붙인 다음, 동네 모습을 설명합니다.

3 동네 돌기 놀이

동네 돌기 카드에 적힌 ❶ ☐☐의 순서대로 ❷ ☐을 따라 이동하여 붙임딱지를 붙이고 돌아오는 놀이입니다.

4 동네 사람들이 하는 일

경찰관

의사

▲ 나쁜 사람으로부터 우리를 안전하게 지켜 줌.
▲ 사람들이 몸이 아플 때 ❶ ☐☐해 줌.

소방관

미용사

▲ ❷ ☐을 끄고 위험에 빠진 사람을 구함.
▲ 머리를 예쁘게 자르거나 다듬어 줌.

2 동네 모습 그리기

✦ 다음과 같이 동네 모습을 그림으로 표현하고 있어요. 빈칸에 알맞은 말을 쓰세요.

❶ [ ]를 중심으로 길을 그린 뒤, 건물이나 장소를 그리고 색칠해서 붙여 ❷ [ ] 모습 그림을 완성해요.

정답 ❶ 학교 ❷ 동네

1 동네 탐험하기

✦ 다음 대화를 보고, 빈칸에 알맞은 말을 쓰세요.

우리 동네를 탐험하기 위해 먼저 ❶ [ ]을 정하자.

응. 먼저 학교 주변을 살펴보자.

안전 규칙도 정하자.

그래. 질서를 지키면서 살펴 보고, ❷ [ ]을 찍거나 글로 기록하자.

정답 ❶ 이 탐험할 곳 ❷ 사진

4 동네 사람들이 하는 일

✦ 동네 사람들이 하는 일을 그림으로 그리고 알려 주고 싶은 내용을 적었어요. 친구들이 그린 직업은 무엇인지 쓰세요.

저는 ❶ [ ]가 일하는 모습을 그렸어요.

저는 ❷ [ ]이 일하는 모습을 그렸어요.

정답 ❶ 요리사 ❷ 환경미화원

3 동네 돌기 놀이

✦ 다음은 동네 돌기 놀이를 하는 모습이에요. 빈칸에 알맞은 말을 쓰세요.

동네 돌기 놀이는 동네 돌기 ❶ [ ]에 적힌 장소의 순서대로 길을 따라 이동하여 ❷ [ ]를 붙이는 놀이예요.

정답 ❶ 카드 ❷ 붙임딱지

핵심 카드

○⋯ 카드 위쪽의 구멍을 뚫고 묶어서 사용하세요.

5 하는 일 무리 짓기

밤에도 일을 해요.

❶ ☐☐

▲ 경찰관

소방관 ▶

거리에서 일을 해요.

▶ 환경미화원

▲ ❷ ☐☐☐☐☐

정답 ❶ 의사 ❷ 우편집배원

6 직업 뉴스 놀이하기

기자 나와 주세요.

안녕하세요? 어떤 일을 하시나요?

저는 밤에도 일을 하는 경찰관이에요.

소개할 직업을 선택하기 → 뉴스에서 어떤 ❶ ☐☐을 할지 정하기 → 대본을 만들고 방송을 연습하기 → ❷ ☐☐을 소개하는 뉴스를 전하고 감상하기

정답 ❶ 역할 ❷ 직업

7 직업 놀이 하기

▲ 치아를 치료해 주는 치과 의사

▲ 머리를 다듬어 주는 ❶ ☐☐☐

▲ 사과 농장의 ❷ ☐☐

▲ 맛있는 음식을 요리하는 요리사

정답 ❶ 미용사 ❷ 농부

8 노래하며 일 동작 표현하기

▲ 나무를 어깨에 메고 나름.

· '목도소리'는 무거운 짐을 나를 때 ❶ ☐을 맞추면서 부르는 노래입니다.
· 일을 하면서 ❷ ☐☐를 부르면 힘이 덜 들고, 서로 맞춰서 일을 할 수 있습니다.

정답 ❶ 발 ❷ 노래

6 직업 뉴스 놀이하기

✚ 다음 직업 뉴스를 보고, 빈칸에 알맞은 말을 쓰세요.

오늘은 밤에도 일하는 ❶ [ ] 을 가진 분들을 소개하겠습니다. 기자 나와 주세요.

네, 밤에도 일하시는 분은 소방관, 경찰관, 의사 등이 계십니다. 이중 ❷ [ ] 을 모셨습니다.

안녕하세요? 저는 ○○지구대에서 일하며, 안전한 동네를 만들기 위해 밤에도 일을 하고 있습니다.

정답 ❶ 직업 ❷ 경찰관

5 하는 일 무리 짓기

✚ 다음 일하는 모습을 보고, 빈칸에 알맞은 직업을 쓰세요.

저는 밤에도 일을 하는 ❶ [ ] 입니다.

저는 거리에서 일을 하는 ❷ [ ] 입니다.

정답 ❶ 소방관 ❷ 환경미화원

8 노래하며 일 동작 표현하기

✚ 다음 대화를 보고, 빈칸에 알맞은 말을 쓰세요.

'목도소리' 노래에 대해 알아?

응. 무거운 ❶ [ ] 을 나를 때 발을 맞추면서 부르는 노래잖아.

아, 일을 하면서 노래를 부르면 ❷ [ ] 이 덜 들고 서로 맞춰서 일을 할 수 있기 때문에 노래를 불렀구나.

정답 ❶ 짐 ❷ 힘

7 직업 놀이 하기

✚ 다음은 어떤 직업 놀이를 하는 모습인지 알맞은 직업을 쓰세요.

자, 치아를 치료해 드릴게요.

◄ ❶ [ ]

어떤 머리 모양으로 해드릴까요?

◄ ❷ [ ]

정답 ❶ 치과 의사 ❷ 미용사

9 동네를 위해 할 수 있는 일

▲ 질서 지킴이 활동하기

▲ ❶ ☐☐☐ 줍기

▲ 동네 일손 돕기

▲ 경로당에서 ❷ ☐☐ 하기

정답 ❶ 쓰레기 ❷ 봉사

10 감사 편지 쓰기

누구에게 ❶ ☐☐ 하는 마음을 전하고 싶은지 정합니다.

경험했던 일을 떠올리며 ❷ ☐☐ 를 씁니다.

편지를 전달합니다.

정답 ❶ 감사 ❷ 편지

11 배달 놀이

출발 신호에 따라 달려가서 물건 담는 바구니에서 ❶ ☐☐ 을 하나 집기

집은 물건을 알맞은 장소에 ❷ ☐☐ 하여 놓고 돌아오기

다음 친구가 출발하기

정답 ❶ 물건 ❷ 배달

12 우리 동네 만들기

우리 동네에 필요한 장소, ❶ ☐☐, 사람 등을 만들기

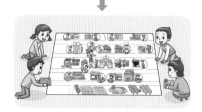

만든 것을 동네 그림에 올리거나 붙여서 살고 싶은 ❷ ☐☐ 모습을 만들기

정답 ❶ 건물 ❷ 동네

🔟 감사 편지 쓰기

✦ 다음 빈칸에 알맞은 말을 쓰세요.

감사 편지를 쓸 때에는 먼저
❶ [　　　]에게 쓸지 정하고,
경험했던 일을 떠올리며
편지를 써요.

❷ [　　　]께
안녕하세요?
저는 △△ 초등학교 △△△입니다.
지난 번 동네 시장에 엄청 큰 불이
났을 때 용감하게 불을 꺼 주셔서 감사
합니다. 항상 몸 조심하세요.
　　　　　△△ 초등학교 △△ 올림

정답 ❶ 누구 ❷ 소방관

9️⃣ 동네를 위해 할 수 있는 일

✦ 다음은 우리가 동네를 위해 할 수 있는 일을
발표한 것이에요. 빈칸에 알맞은 말을 쓰세요.

저는 ❶ [　　　] 줍기 활동을
했으면 좋겠습니다. 왜냐하면
○○공원 주변이 지저분하기
때문이에요.

❷ [　　　] 지킴이 활동을
했으면 좋겠습니다. 왜냐하면
사람들이 안전하게 생활하기를
바라기 때문이에요.

정답 ❶ 쓰레기 ❷ 안전

1️⃣2️⃣ 우리 동네 만들기

✦ 다음은 살고 싶은 우리 동네의 모습이에요.
빈칸에 알맞은 말을 쓰세요.

▲ 완성한 동네 그림

우리 동네에 필요한 장소, 건물, ❶ [　　　] 등
을 만들어 ❷ [　　　]에 올리거나 붙여서 살고
싶은 동네 모습을 만들어요.

정답 ❶ 사람 ❷ 배경 그림

1️⃣1️⃣ 배달 놀이

✦ 친구들이 배달 놀이를 하고 있어요. 빈칸에 알
맞은 말을 쓰세요.

물건 담는 바구니에서
❶ [　　　] 하나를 집어요.

물건 담는
바구니

배달 장소→
바구니

알맞은 장소에 ❷ [　　　]하고
돌아오면 다음 친구가 출발해요.

정답 ❶ 물건 ❷ 배달

○ 카드 위쪽의 구멍을 뚫고 묶어서 사용하세요.

13 가을의 소리 표현하기

가을 바람 소리
가을바람이 '스스스' 소리를 내며 시원하게 붐.

낙엽 밟는 소리
❶ ☐☐ 을 밟으면 '바스락 바스락' 소리가 남.

풀벌레 소리
풀밭에서 ❷ ☐☐☐ 가 '찌르르르' 소리를 냄.

정답 ❶ 낙엽 ❷ 풀벌레

14 가을철 사람들의 모습

▲ 여러 가지 곡식을 말림.

▲ 날씨가 시원해서 ❶ ☐ 읽기에 좋음.

▲ 여러 가지 열매를 거두 어들임.

▲ ❷ ☐☐ 가 맑아서 나들이를 많이 감.

정답 ❶ 책 ❷ 하늘씨

15 도서관에서 지켜야 할 질서

• 떠들거나 돌아다니지 않습니다.
• 책을 찢거나 더럽히지 않습니다.
• 책을 반납일 전에 ❶ ☐☐ 합니다.
• 다 읽은 책은 책 수레나 제자리에 꽂아 놓습니다.
• 책을 대출하거나 반납할 때에는 차례대로 ❷ ☐ 을 섭니다.

정답 ❶ 반납 ❷ 줄

16 가을 소리 만들기

1 플라스틱 통을 한 쌍 준비하기

2 플라스틱 통 안에 ❶ ☐☐ 을 적당히 넣기

3 곡식이 빠져나오지 않도록 뚜껑을 잘 닫고 ❷ ☐☐ ☐ 으로 예쁘게 꾸미기

색 찰흙

정답 ❶ 곡식 ❷ 색 찰흙

14 가을철 사람들의 모습

✛ 다음 친구들의 대화를 보고, 빈칸에 알맞은 말을 쓰세요.

 가을은 날씨가 시원하고 맑아.

그래서 사람들이 ❶ [　　　]를 많이 가잖아.

 나는 나들이보다 가을에 거두어들인 열매를 먹으며 책 보는 게 좋던데.

나도 그래. 주말에 같이 ❷ [　　　] 읽을래?

정답 ❶ 나들이 ❷ 책

13 가을의 소리 표현하기

✛ 학교 주변을 산책하며 가을 소리를 찾아 보았어요. 빈칸에 알맞은 말을 쓰세요.

· 가을 바람이 '스스스' 소리를 내며 시원하게 붑니다.
· 낙엽을 밟으면 ❶ '[　　　　]' 소리가 납니다.
· 풀밭에서 '찌르르르'하고 ❷ [　　　] 소리가 납니다.

정답 ❶ 바스락바스락 ❷ 풀벌레

16 가을 소리 만들기

✛ 다음은 가을 곡식으로 나만의 악기를 만들 때 주의할 점이에요. 빈칸에 알맞은 말을 쓰세요.

  플라스틱 통이 가득 차도록 ❶ [　　　]을 채우면 안 돼요.

  곡식이 빠져나오지 않도록 뚜껑을 잘 ❷ [　　　]요.

정답 ❶ 곡식 ❷ 닫아

15 도서관에서 지켜야 할 질서

✛ 다음은 도서관에서 지켜야 할 질서를 설명한 것이에요. 빈칸에 알맞은 말을 쓰세요.

 다 읽은 책은 ❶ [　　　]나 제자리에 놓아요.

 내일이 반납일이에요.

책을 ❷ [　　　] 전에 반납해요.

정답 ❶ 책꽂이 ❷ 반납일

⬭ 카드 위쪽의 구멍을 뚫고 묶어서 사용하세요.

17 가을철에 사람들이 하는 일

▲ ❶ [ ][ ][ ] 에서 열매 따기

▲ 밭에서 고구마 캐기

▲ 논에서 벼를 거두어들이기

▲ 산에서 ❷ [ ]을 따기

정답 ❶ 과수원 ❷ 밤

18 도토리 모으기

도망가자!

도토리를 모으자!

❶ [ ][ ][ ]를 한 명 정하고 나머지 친구는 도토리가 됨. → 다람쥐가 도토리를 모으러 달려감. → 다람쥐의 ❷ [ ]에 닿은 도토리도 다람쥐가 되어 다른 도토리를 모으러 감. → 모든 도토리를 모으면 놀이가 끝남.

정답 ❶ 다람쥐 ❷ 손

19 가을 열매 관찰하기

사과

· 겉모양: 둥글고 ❶ [ ][ ]색임.
· 속 모양: 속이 하얗고, 갈색의 씨앗이 여러 개 있음.

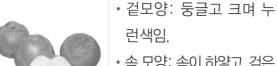
배

· 겉모양: 둥글고 크며 누런색임.
· 속 모양: 속이 하얗고, 검은색의 ❷ [ ][ ]이 여러 개 있음.

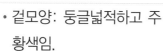
감

· 겉모양: 둥글넓적하고 주황색임.
· 속 모양: 속이 주황색이고 갈색의 큰 씨앗이 있음.

정답 ❶ 빨간 ❷ 씨앗

20 가을철 사람들의 모습

울긋불긋 단풍이 든 모습을 보며 가을을 느낌.

예쁘게 핀 국화꽃을 보며 가을을 즐김.

⬇

가을 날씨는 ❶ [ ][ ]하고 상쾌하며 맑은 날이 많기 때문에 사람들이 ❷ [ ][ ][ ]를 많이 가고, 축제가 많이 열림.

정답 ❶ 시원 ❷ 나들이

18 도토리 모으기

✦ 다음 도토리 모으기 놀이를 하는 모습을 보고, 빈칸에 알맞은 말을 쓰세요.

❶ [　　　] 를 모으자!

다람쥐

다람쥐의 손에 닿은 도토리는
❷ [　　　] 가 된대. 도망가자!

정답 ❶ 도토리 ❷ 다람쥐

17 가을철에 사람들이 하는 일

✦ 다음 사다리를 타고 내려가 빈칸에 가을철 사람들이 하는 일과 관련된 가을철 열매를 쓰세요.

❶ [　　　]　　배추　　❷ [　　　]

정답 ❶ 벼 ❷ 고구마

20 가을철 사람들의 모습

✦ 가을철 사람들의 모습을 살펴보고, 빈칸에 알맞은 말을 쓰세요.

가을에는 울긋불긋
❶ [　　　] 이 든
모습을 보러 나들이를
많이 가요.

가을에는 날씨가
시원하고 **❷ [　　　]**
날이 많아서 축제가
많이 열려요.

정답 ❶ 단풍 ❷ 맑은

19 가을 열매 관찰하기

✦ 다음 열매의 겉모양과 속 모양을 관찰하고 빈칸에 알맞은 말을 쓰세요.

둥글넓적하고
❶ [　　　] 색이에요.

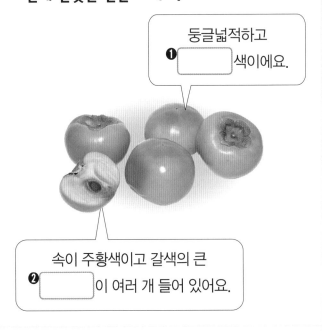

속이 주황색이고 갈색의 큰
❷ [　　　] 이 여러 개 들어 있어요.

정답 ❶ 주황 ❷ 씨앗

⌐ 카드 위쪽의 구멍을 뚫고 묶어서 사용하세요.

21 가을의 색

울긋불긋 단풍이 든 나무에서 찾은 가을의 색은 빨간색과 노란색임.

벼가 누렇게 익은 ❶ ☐에서 찾은 가을의 색은 황금색임.

토실토실한 밤에서 찾은 가을의 색은 ❷ ☐색임.

답정 ❶ 논 ❷ 밤

22 질서 지키기

공중화장실 · 화장실
▲ 차례차례 줄을 섬.

전시회장
▲ 떠들거나 뛰어다니지 않음.

체험 학습장
▲ ❶ ☐☐☐를 함부로 버리지 않고, 주변에 있는 쓰레기를 주움.

학습 발표회장
▲ ❷ ☐☐ 자세로 조용히 하고, 앞자리의 의자를 발로 차지 않음.

답정 ❶ 쓰레기 ❷ 바른

23 가을의 색 표현하기

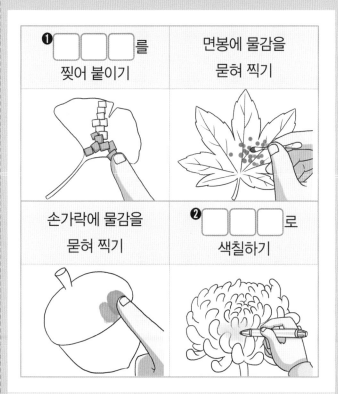

| ❶ ☐☐☐를 찢어 붙이기 | 면봉에 물감을 묻혀 찍기 |
| 손가락에 물감을 묻혀 찍기 | ❷ ☐☐☐로 색칠하기 |

답정 ❶ 색종이 ❷ 사인펜

24 낙엽 무리 짓기

| 색깔에 따라 무리 짓기 | 빨간색 낙엽 | 노란색 낙엽 |
| 모양에 따라 무리 짓기 | 길쭉한 낙엽 | 둥근 낙엽 |

낙엽의 ❶ ☐☐ (빨간색, 노란색 등), 모양(길쭉한 모양, 둥근 모양 등), ❷ ☐☐ (큰 것, 작은 것) 등에 따라 무리 지을 수 있습니다.

답정 ❶ 색깔 ❷ 크기

22 질서 지키기

✦ 다음 대화를 읽고, 빈칸에 알맞은 말을 쓰세요.

공중화장실, 전시회장 등과 같이 사람이 많이 모이는 곳에서는 질서를 잘 지켜야 해.

맞아. 사람들이 많이 모이는 곳에서 질서를 지키지 않으면 여러 사람이 불편해 지고 기분이 나빠질 수 있어.

공중화장실에서는 차례차례 ❶[   ]을 서고, 전시회장에서는 떠들거나 ❷[   ] 다니지 않아야 해.

정답 ❶ 줄 ❷ 뛰어

21 가을의 색

✦ 다음 '내가 찾은 가을의 색' 책을 보고, 빈칸에 알맞은 말을 쓰세요.

가족과 함께 간 단풍 구경에서 울긋불긋한 나뭇잎을 보고 찾을 수 있는 가을의 색은 ❶[   ]색과 ❷[   ]색이에요.

정답 ❶ 빨강(노랑) ❷ 노랑(빨강)

24 낙엽 무리 짓기

✦ 다음 낙엽을 무리 지은 결과를 보고, 빈칸에 알맞은 말을 글자 카드에서 찾아 쓰세요.

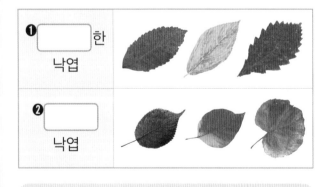

❶[   ]한 낙엽

❷[   ] 낙엽

둥	세	길	네	서	이
차	모	근	오	쪽	미
통	가	작	리	큰	은

정답 ❶ 길쭉 ❷ 둥근

23 가을의 색 표현하기

✦ 다음 가을에 볼 수 있는 것을 꾸민 모습을 보고, 빈칸에 알맞은 말을 쓰세요.

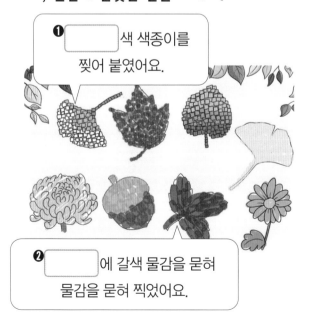

❶[   ]색 색종이를 찢어 붙였어요.

❷[   ]에 갈색 물감을 묻혀 물감을 묻혀 찍었어요.

정답 ❶ 노란 ❷ 솔방울

🐶 직업 꾸미기

✦ 동네에서 자주 보는 직업을 정하여 직업에 필요한 도구나 물건을 그리고, 직업에 맞는 옷도 그려 보세요.

완성 예시

내가 꾸민 직업은 _____ 입니다.

동네 모습 퍼즐 맞추기

✦ 동네 모습 퍼즐 조각을 뜯어 퍼즐 판에 맞춰 보세요.

퍼즐 조각

퍼즐 판

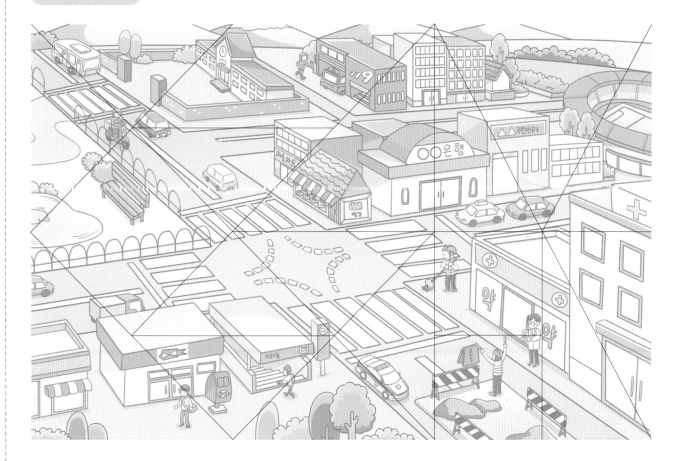

낙엽 색칠하기

✦ 여러 가지 낙엽을 가을색으로 예쁘게 칠해 보세요.

✦ 31쪽에서 예쁘게 칠한 여러가지 낙엽을 뜯어 둥근 띠에 풀로 붙여 가을 리스를 완성해 보세요.

완성 예시

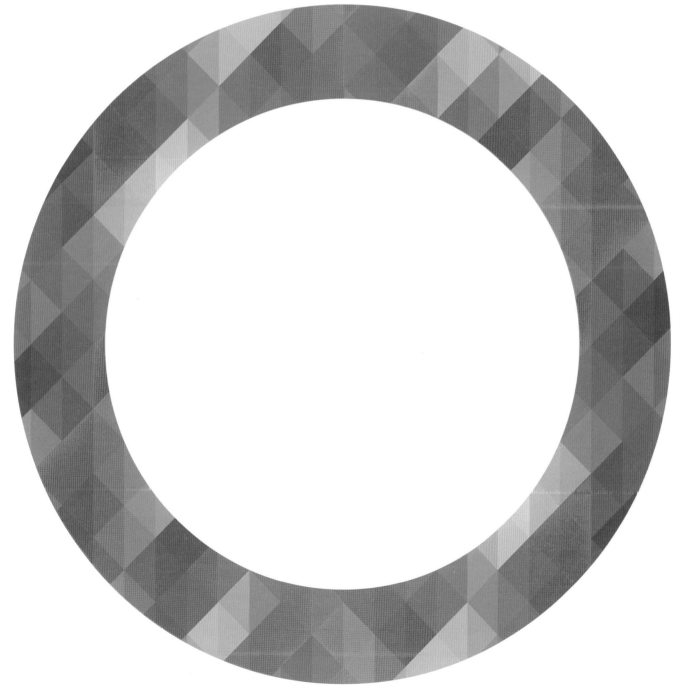

▲ 둥근 띠

✦ 종이를 예쁘게 접어 은행잎 책갈피에 응원하는 말을 적어 친구에게 선물해 보세요.

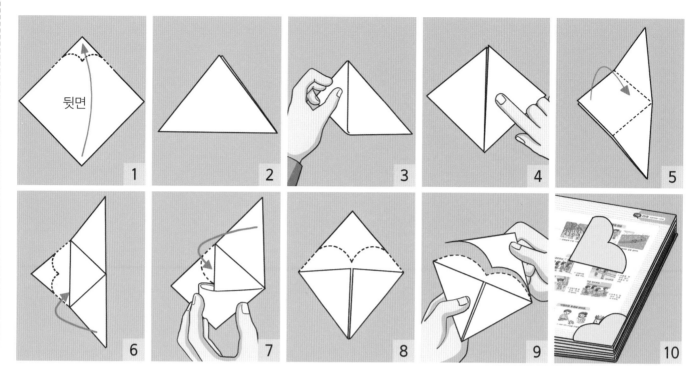

앞면

에게

· ·

· ·

· ·

넌 충분히 잘 하고 있어!

본문 8~9쪽

우리 분식

본문 15쪽

본문 17쪽

순서대로

본문 21쪽

본문 23쪽

본문 40~41쪽

본문 43쪽

본문 47쪽

본문 51쪽

본문 72~73쪽

본문 79쪽

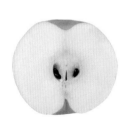  

본문 85쪽

본문 91쪽

본문 100쪽

본문 105쪽

스케줄표
붙임딱지

★ 하루 학습이 끝나면 스케줄표에 붙여 보세요!

1주

 좋아요 · 1일
 잘했어 · 2일
 멋있어 · 3일
 훌륭해 · 4일
 놀라워 · 5일
 뿌듯해 · 특강

2주

 좋아요 · 1일
잘했어 · 2일
멋있어 · 3일
 훌륭해 · 4일
 놀라워 · 5일
 뿌듯해 · 특강

3주

 좋아요 · 1일
 잘했어 · 2일
 멋있어 · 3일
 훌륭해 · 4일
 놀라워 · 5일
 뿌듯해 · 특강

마무리 학습

 좋아요
 잘했어
 멋있어
 훌륭해
 놀라워
 뿌듯해

★ 필요한 곳에 붙여 보세요!

 좋아요
 잘했어
 멋있어
 훌륭해
 놀라워
 뿌듯해

 좋아요
 잘했어
 멋있어
 훌륭해
 놀라워
뿌듯해